T0068198

Decidí Ser Feliz

Decidí Ser Feliz

Nueva Edición 2021

Connie C. Torres

Número de Control de la Biblioteca del Congreso de EE. UU.:   2021913138
ISBN: Tapa Dura   978-1-5065-3765-8
              Tapa Blanda   978-1-5065-3763-4
              Libro Electrónico   978-1-5065-3764-1

Información de la imprenta disponible en la última página.

Fecha de revisión: 08/07/2021

Para realizar pedidos de este libro, contacte con:
Palibrio
1663 Liberty Drive, Suite 200
Bloomington, IN 47403
Gratis desde EE. UU. al 877.407.5847
Gratis desde México al 01.800.288.2243
Gratis desde España al 900.866.949
Desde otro país al +1.812.671.9757
Fax: 01.812.355.1576
ventas@palibrio.com
829618

"Decidí Ser Feliz te muestra el camino hacia tu felicidad donde descubrirás tu esencia espiritual, lo que realmente eres y guardas en tu corazón para brindar al mundo. La felicidad consiste en confiar en ti mismo para levantar tu autoestima. Los actos que realices con amor serán satisfacciones propias y alegrías compartidas con los demás, de esta manera el universo te lo agradecerá con felicidad en abundancia".
Connie C. Torres

Índice

Introducción xi

Parte I
La Vida y el Amor

La Felicidad..1
¿Qué me hace feliz? 3
¿Cómo lograr ser feliz? 5
El camino hacia la felicidad 6
Comparte tu alegría 7
Tu decisión de ser feliz...9
El sentimiento del amor 10
Levanta tu autoestima 13
Autoestima en la mujer 14
Las Emociones..16
Dignidad vs. Orgullo...18
Los Sentimientos...19
Tu actitud hacia la vida 21
Los Obstáculos 23
El Optimismo...24
La Empatía 25
La Generosidad 27
Las Decepciones..29
El dolor del alma 30
El sufrimiento y las amarguras 31

Llorar hace bien 33

La Soledad 34

El Duelo 36

La unión de pareja 37

Las Ataduras 38

Las Separaciones 39

Tener buenos hábitos 41

Los Remordimientos 43

Las Decisiones 44

El Miedo 45

Sugerencias que aportan salud física y mental 46

Vivir en el presente 50

No acumulemos rencores 52

La Familia 54

Los cambios de la vida 56

El corazón y la razón 57

Convivir con los demás 58

El bienestar de olvidar y perdonar 59

Parte II
El Mundo Espiritual

La Espiritualidad 63

La Ley de Atracción 65

El Equilibrio Emocional 66

Encontrarse a sí mismo 68

El Poder de Aceptación 69

Bases firmes para el crecimiento espiritual 70

Reflexionar 71

El final existencial 73

El Egoísmo 75

La inconsciencia humana 76

Renunciemos al pecado...78

La Meditación...79

El Karma...81

La espiritualidad y la ciencia...82

La Sabiduría...83

Construye tu propio mundo...84

Espiritual y humano...86

La sensibilidad del corazón...87

Vivir en paz...88

Dejar fluir...90

El mundo actual...91

La Pandemia 2020-2021...92

Reflexiones de vida...93

Mis pensamientos...94

Decidí Ser Feliz...96

Dedicatoria...97

Decidí Ser Feliz y Vamos Mundo cds...99

Decidí Ser Feliz...101

Vamos Mundo...103

Galería de fotos Decidí Ser Feliz por el mundo...105

Redes Sociales...155

Introducción

Decidí ser feliz, renovada y más humana que nunca en tiempos de pandemia, en la que los corazones del mundo están abiertos a la verdad existencial. Para disfrutar de la vida en plena armonía necesitamos de nuestra paz interior, la que se nos aleja cuando invertimos demasiado tiempo y energía en asuntos cotidianos, y sin darnos cuenta se apropia de nuestras vidas. Extiendo mi invitación para que cambies tu mundo, depende de ti como lo quieras construir, se trata de ser mejor persona, de sentirte bien contigo mismo y desapegarte de lo material. En tu esencia encontrarás lo que realmente necesitas para vivir y ser feliz. El libro contiene la esencia de un ser humano que sueña con la felicidad, y de alguna manera lo transmite a los demás. La decisión de ser feliz fluye natural y espontáneamente dentro de nosotros en algún momento de la vida, así nació el primer libro, y los siguientes tres libros ya publicados. Decidí ser feliz para compartir los mensajes de mi corazón, plasmando mi sentir como un renacer a la vida que van a leer, escuchar en la canción del mismo nombre, y ver en la galería de fotos. La vida misma se encarga de brindarte motivaciones, y una de esas fue el oficio de ser maestra que te brinda la facultad de enseñar con devoción; crear con autenticidad; ayudar sin esperar nada a cambio; enfocar lo verdadero y positivo; organizar las actividades diarias, y disciplinar para tener una vida ordenada. Todas estas actividades ayudan a desarrollar el instinto de saber cómo mantener el equilibrio en una forma apropiada en muchos aspectos de la vida. Un trabajo que llena de grandes satisfacciones al sentirse útil a la humanidad, también de alegría, cuando se trata de niños que transmiten su ángel y su inocencia ¡Oh cuánto *se aprende de ellos! Sea cual sea la actividad que realices, siempre entrega lo mejor de ti con amor, y disfrutando lo que haces. Decidí Ser Feliz desde el 2012 hasta la presente fecha ha cambiado para bien la vida de muchas personas alrededor del mundo, no les puedo contar tantas anécdotas por respeto a la privacidad y al profesionalismo, pero que en mi corazón se quedaron todas esas historias que me han hecho crecer aún más en materia de vida. Decidí Ser Feliz, también ha sido motivo para que otros escritores se inspiren, lo que significa que no sólo motiva al que necesita encontrarse y llenar su vacío existencial, si no también a los que comparten los mismos ideales en materia espiritual. Agradezco a los que pertenecen a la familia de la felicidad que se identifican con mis ideales y caminan con su luz propia. A los que todavía no han tomado esa decisión, espero que en esta nueva edición se puedan identificar, o les sirva de alguna ayuda espiritual para ampliar la capacidad de entender la causa y efecto de lo que sucede en el mundo, y poder desarrollar el instinto de aceptación a todo lo que no se puede cambiar. En ti está el cambio para mejorar tu vida y tu entorno. Los invito a pasear por este jardín de letras que cultivé por tanto tiempo para brindarles mi regalo de vida ¡Sean felices desde hoy y para siempre! Connie C. Torres.*

PARTE I

La Vida y el Amor

La Felicidad

*"**Ser feliz depende del concepto que cada quien tenga de la felicidad, porque lo que hace felices a algunos, a otros quizás no, depende de los valores e ideales de cada ser humano".** Las personas anhelamos vivir en plenitud y armonía absoluta. Por naturaleza buscamos realizarnos en la vida, pero nunca sabemos si estamos en el camino correcto hasta que descubrimos nuestra esencia, ahí está el secreto de la felicidad. **"Buscamos la felicidad en la gente y en los lugares de un mundo imperfecto. La felicidad está dentro de nosotros mismos, en esa paz interior que sentimos al proyectarnos al mundo tal cual somos".** No te quejes cuando no te sientas feliz, las fuerzas negativas son las que te ordenan sin pausa a ser infeliz. La esclavitud, la duda, y el miedo se apoderan de ti para hacerte perder el equilibrio. Cuando tengas alguna situación difícil, piensa que todo está como debería de ser, acéptalo con calma o cámbialo a tu favor si puedes. Aprenderás que tanto lo bueno, como lo malo pasará, así es como fluye la vida. Cuidemos nuestras acciones si deseamos vivir en armonía con nuestra mente y espíritu. Descubramos nuestra alma para desarrollar el potencial que tenemos dentro. No desfallezcamos ante cualquier acontecimiento contrario a nuestras expectativas, pensemos que todo es efímero y pasajero, no durará la vida entera, y tenemos toda una vida para resolverla. Es cuestión de tener sentido común para que acertemos en las respuestas correctas al enfrentar un problema. Busquemos en la meditación la libertad de sentir y vivir como queremos, reflexionando en nuestra esencia.*

"Aprendemos a través de nuestros errores, aunque a veces nos equivoquemos, lo verdaderamente importante es la sabiduría que queda para nuestro crecimiento espiritual".

"Ser feliz no es tan difícil, se trata de entender los mensajes del corazón para vivir como queremos".

"Si quieres ser feliz regala amor, comparte alegría, brinda solidaridad y colecciona afectos".

"Sólo se trata de querer realmente para que las fuerzas y energías positivas del Universo te favorezcan en todo lo que quieras conseguir en la vida".

Connie C. Torres

¿Qué me hace feliz?

Para saber lo que te causa felicidad, escribe una lista de lo que te brinda alegría, y otra de lo que te provoca insatisfacción o angustia. Al comprobar si estás en el camino correcto, tu lista feliz debe tener más satisfacciones que la que no te brinda paz. Trabaja en tu lista positiva y descarta la negativa. Revisa tu lista feliz, y confirma si tus propósitos de dicha han sido logrados en un gran porcentaje, porque tampoco se puede lograr un cien por ciento, y es bueno que siempre te falte algo por hacer, porque eso le da sentido a la vida. Empieza a dejar fluir tus ideales para ser feliz, y siéntete contento cada vez que logres cumplir un objetivo. Considero que en la vida existen muchas probabilidades de alcanzar la plenitud, busca los tuyos.

Lo que me hace feliz:

1) *Expandir amor;*
2) *Sonreír, arrancar sonrisas donde vaya;*
3) *Bailar, cantar, leer y escribir*
4) *Ser auténtica;*
5) *La paz y el equilibrio emocional;*
6) *Ser solidaria;*
7) *Perdonar y olvidar;*
8) *Compartir con los seres queridos;*
9) *El mundo animal y el medio ambiente; y*
10) *La música es el complemento perfecto a mi vida.*

> **"Analiza en tu interior, y procura que tu estilo de vida esté acorde a tus necesidades de lo que consideras que te hace sentir pleno y en paz".**

Presta atención cuando sientas que no estás manejando tu vida de una forma equilibrada, te ha llegado el momento de la reflexión, empieza a revisar una a una tus actitudes en todas las situaciones que has tenido que resolver últimamente, que te han llenado de dudas y sólo has conseguido confundirte más. **"No pierdas la oportunidad de vivir en paz al sentir que aunque el mundo a tu alrededor se torne gris, tu luz resplandece, se esparce para ser capaz de cambiar lo que está mal con la fuerza del amor"**. Vive el amor real, ámate, siéntelo y compártelo con tus semejantes. El saber exactamente lo que te hace feliz te brinda la paz que necesitas para seguir en el sendero donde cosechas lo que siembras. Somos seres con luz propia, que al alumbrar nos enaltecemos, y si la apagamos nuestro entorno será la oscuridad.

> **"El vivir siempre alegre no solamente rejuvenece tu rostro, también se refleja en el alma, la alegría es símbolo de juventud, y si la cultivamos nos estamos prestando atención"**.

¿Cómo lograr ser feliz?

Cada quien enfoca su felicidad en diferentes perspectivas. **"Lograr ser feliz es un punto de llegada, pero no te quedas ahí, sigues adelante mientras aprendes, porque se acabaría la vida, y ya nada tendría sentido".** Los momentos de felicidad se disfrutan en cada instante que la vida te ofrece. Se trata de tener buena actitud para esperar feliz un nuevo día, confiando que vendrán cosas nuevas para aprender. La felicidad es cumplir las metas que te trazaste, llenando tu espíritu de amor y paz para devolverlo al mundo en total plenitud. **"Brindar lo mejor de sí mismo es la más grande satisfacción que el ser humano puede experimentar para ser feliz".** La alegría que sientes al ser solidario sin expectativa alguna, te demuestra que eres tu propia felicidad. Lograste ser feliz el día en que para serlo no necesites de nada, ni nadie del mundo exterior para sentirte pleno. Tu felicidad serán los actos amor que realices hacia ti, cumpliendo tus metas, y lo que puedas hacer por los demás.

> **"Un acto de amor hacia los demás hace más feliz a quien lo realiza que a quien lo recibe".**

> **"Para ser feliz necesitas ser una buena persona, estar en paz contigo mismo para tener una vida armoniosa".**

El camino hacia la felicidad

"No existe camino hacia la felicidad, somos nosotros los que tenemos que crear nuestro propio sendero a seguir, dependiendo de las expectativas de dicha que deseemos lograr". Pienso que todos los seres humanos desearíamos que existiera ese camino, como una guía para lograr nuestro objetivo llamado "Felicidad". El que dicho camino no exista, no quiere decir que no podamos crearlo, es obligación nuestra hacernos felices. Para ir en esa búsqueda necesitamos analizar sobre el concepto que tengamos acerca de la felicidad, y estar convencido que nadie puede hacernos felices, los que tenemos esa virtud somos nosotros mismos. Por lo tanto, surge un conflicto en las parejas que buscan la felicidad juntos y pretenden o creen ser felices porque el uno hace lo que el otro le gusta o viceversa, cuando en realidad lo que están haciendo es delegando su felicidad a los otros, se traduce a que "tú haces lo que me gusta para ser feliz, y yo hago lo que te gusta para que seas feliz". Esa actitud es condicionada, y no están fluyendo de forma natural, ni como pareja, menos como individuos. Lo ideal sería que cada uno busque su felicidad dentro de sí mismo, con lo que su pareja le ofrece, respetarse y aceptarse tal cual son, como tiene que ser con infinito amor. Unidos por ese sentimiento, el corazón les llevará hacia el camino de la felicidad.

"Lo que une a las parejas son los detalles que nacen con naturalidad y se hacen sin pensarlo, eso es lo que realmente eres y puedes ofrecer".

Comparte tu alegría

La alegría es una actitud de mente abierta, que la regalamos a nuestro entorno, ya que al compartirla se multiplica en felicidad y confirma nuestra existencia en este mundo. **"La alegría te ofrece salud mental y física. Compartirla con tus seres queridos es como echarle agua a las plantas". "La felicidad es la acumulación de tantas alegrías que te brinda el corazón para armonizar tu vida".** Debemos sentirnos alegres como una costumbre, equilibrando sus altos y bajos acontecimientos. Tengamos el hábito de reírnos, de lo más simple, no se trata de convertirnos en payasos de circo, sino de transformar las situaciones difíciles en **"momentos necesarios"** que la vida nos obliga a vivir para aprender y crecer. **"La alegría se comparte con nuestros semejantes, los problemas y las tristezas no, porque brindar felicidad es un acto de humanidad mientras que compartir tus problemas y sufrimientos públicamente es un acto de inmadurez".** Los problemas personales que todos tenemos en algún momento, son parte de la vida privada de cada individuo, que no causan felicidad a nadie. Al compartir tus intimidades estás invitando a extraños a que opinen sobre tu vida privada y causar lástima, lo que se convierte en círculo vicioso que no es sano para nadie. Lo ideal es afrontar las situaciones difíciles con madurez, resolverlas en privado y compartir sólo las alegrías con la gente que nos quiere y queremos. Es recomendable contar tus problemas cuando tienes un terapeuta o alguien en quien confías para abrir la puerta de tu intimidad y contarle tus problemas, con la esperanza de encontrar la solución adecuada para recobrar tu equilibrio. La alegría es contagiosa, tomemos ventaja de eso, vamos a contagiarnos de alegría y vivir el día a día, como si fuera el último de nuestra vida. Si estás en pareja, comparte tus alegrías, vívelo a plenitud, si no te ríes con tu pareja es porque se perdió un eslabón a la cúspide de la felicidad y no existe tal pareja.

"La alegría de vivir se transmite en plena libertad de expresión".

"Las parejas se unen para compartirlo todo, para crecer hacia el éxtasis; por lo tanto, se harán felices en plena libertad de ser tal cual son".

Tu decisión de ser feliz

"Ser feliz es tu decisión, nace en tu corazón para fomentar ese encuentro con la felicidad". Tu decisión no debe depender de nadie, ni estar condicionada de alguien más, que no seas tú mismo. *"Depender de algo o de alguien es no vivir, es llenar de tristeza el alma con un bajo autoestima. Lo que te hace feliz es lo que tu decidas, lo que otros deciden les hace felices a ellos, y el respeto a elegir es un derecho humano que nos hace felices a todos por igual".* Cada quien busca su felicidad a su manera, a sus necesidades, a su estilo de vida, ideales y valores. Vivamos y dejemos vivir a los demás con amor y respeto sin descuidar nuestro interior. Decide romper con todos los prejuicios y miedos sin preocuparte de la opinión de los demás, ellos también están en la misma búsqueda, pero no todos encuentran el camino correcto, hay que entenderlos. Ellos también quisieran atreverse, pero no tienen el valor para salir a la luz. En estos tiempos donde muy pocos tienen la valentía de enfrentar al mundo con la verdad, yo los invito a que tomen la decisión de hacerse cargo de su felicidad.

"La decisión de ser feliz está en tus manos, depende de ti que elijas luchar por tu felicidad o acostumbrarte a ser infeliz".

"Lo que separa realmente a las personas no es la distancia, ni el tiempo. Lo que evita que fluya un vínculo armonioso es la falta de respeto y valores".

El sentimiento del amor

*"**El amor es un sentimiento mágico, nace, crece, fluye y se reproduce en su pureza infinita". "Al amor no hay que poseerlo porque perdería su encanto".** Tú no decides a quién amar o a quién no, es tu corazón el que domina tus sentidos. Para amar de verdad, hay que tener libertad, la misma confianza que tu pareja puede dar y entregarse libres los dos, pero atados a la vez por el maravilloso sentimiento del amor. "**El Milagro del amor borrará las distancias, romperá las fronteras, no permitirá que un sentimiento tan puro se quebrante ante la más mínima tentación de desconfianza o desacuerdo que se suscite en el camino de la vida".** Las relaciones no funcionales de pareja hacen que pensemos que el amor hace daño al corazón; cuando la realidad fue que no fluyó en la pareja; no hubo esa magia de entrega y unión total; tan solo fue una ilusión; un espejismo que confundimos con amor y nos hizo pensar que éramos correspondidos. Los pensamientos negativos que nada tienen que ver con el amor, te hacen creer que el amor te hizo mal. Lo que realmente nos lastima es aferrarnos a un sentimiento ajeno. Dicen que el tiempo es enemigo del amor, pero yo diría que el tiempo es el que se encarga de curar las heridas que te dejó un amor no fluido. Te acostumbras a vivir sin él y terminas aceptando que así tenía que ser, y el tiempo se encarga de eso, pero tu corazón del amor que no sabe ni de tiempos, ni de distancias. Las circunstancias de la vida te harán pensar que ya no sientes amor, o que eres incapaz de amar, ese pensamiento no es real, tu corazón está lleno de amor y aunque se apague por cualquier circunstancia, el sentimiento sigue latente. Lástima de aquel que no lo haya sentido, porque es preferible haber sufrido por amor que nunca haber tenido*

esos momentos de emociones. El amor se siente naturalmente, y se manifiesta, ya sea en pareja, por la familia, los amigos, la naturaleza, los animales, etc. etc. **"El amor es real, fluye solo, y se entrega en un puro sentimiento para vivirlo"**. **"El amor es divinidad, verdad y perfección dentro de ti que nunca te rechaza"**. *Si la persona que amas no lo sintió, es que no hubo la conexión, no encajó, no hay que sufrir por eso, simplemente debemos de aceptarlo como parte del aprendizaje de vida. En el mundo exterior el amor auténtico se ha extinguido bastante. Hay intereses personales detrás del sentimiento, que desvalorizan al amor. La nueva generación no se permite sentir como antes, no se dejan llevar del corazón, la juventud está tan desordenada, que ya nadie quiere responsabilidad y viven desmesuradamente. Se han perdido tantos valores humanos, y dejan que el amor pase por un lado sin entregarlo o recibirlo. Muy pocos quieren formar una relación seria en la que comprometan sus sentimientos, y le rindan homenaje al verdadero amor con devoción y respeto.* **"La necesidad de las personas es encontrar una pareja con quien compartir momentos de felicidad para aprender y crecer juntos"**. *Vivir con amor es estar en pleno equilibrio ya sea con o sin pareja.* **"El amor en pareja es una opción que no les llega a todos, es el sentir que se convierte en el motivo de vida de las personas solamente cuando es fluido y correspondido"**. *Los grandes líderes del mundo no logran entender el sentimiento del amor, por eso estamos como estamos, y sufrimos por los desastres que acontecen en el mundo causados por la mano del hombre. Como seres humanos tenemos la responsabilidad de velar por nuestra paz espiritual. A pesar de todo lo negativo que nos suceda no nos dejaremos lastimar, vamos a cubrirnos con el velo de la luz para lograr el equilibrio.*

"El amor real crece y se reproduce en sí mismo, fluye en ti naturalmente cuando menos lo esperas. El amor forzado no sobrevive".

"El amor en pareja no es para todos, aceptar que debemos vivir lo que nos toca es entender la vida".

Levanta tu autoestima

"Una de las situaciones más tristes que tiene un ser humano es existir, pero sin vivir". Dejar que la vida te pase por un lado sin darte cuenta, porque has dejado de quererte, de consentirte y de complacerte. Dejaste de disfrutar de lo que la vida te regala, permitiste que tu existencia esté sujeta a las decisiones de otros, sin que tu cuentes, y al final te convencieron de que eres incapaz de lograr lo que quieres por ti mismo. No te sientas pequeño, todos somos grandes seres humanos, pero no todos decidimos descubrir nuestros valores en el mundo interior. *"El amor propio levanta tu autoestima que te convierte en alguien capaz de creer y crear lo que quieras para tu felicidad".* Motívate a salir adelante de acuerdo a tus capacidades, proyectando actitudes positivas hacia la vida. Enfócate en tu esencia que es la que realmente da la pauta para amarte de verdad, ser mejor persona, y vivir en paz. Para levantar tu autoestima te necesitas a ti mismo, nadie lo puede hacer por ti, ni siquiera los grandes expertos en motivaciones, eso nace de dentro de ti, sentirás esa necesidad de ser libre y decidir lo que te parece mejor para tu felicidad. *"La autoestima la levantas tú, cuando confías en tus capacidades. Tus valores como ser humano crecen hasta sentirte capaz de andar por el mundo sin miedos".*

"Creer en ti levanta tu autoestima y te brinda la paz para crecer como ser humano, aumentado tu capacidad de saber lo que quieres".

"Lo que somos realmente no está en cómo lucimos, ni en lo material, valemos por lo que sentimos en nuestro corazón, por nuestra alma limpia".

Autoestima en la mujer

La mujer de nuestros tiempos no se somete, es independiente y capaz de desarrollarse en un mundo dominado por los hombres desde la antigüedad. Me refiero a que desde su creación la mujer no tenía conciencia de su rol en la vida, por ese motivo la mujer de antes no se preocupaba por educarse, desarrollar sus capacidades para lograr su independencia en todos los aspectos de vida. En los tiempos de antes, era muy común que la mujer se quedara en casa desempeñando el rol de esposa y madre, el hombre era el que se ocupaba de todas las necesidades básicas para poder subsistir. Hoy en día eso es historia, sabemos que no es así, la mujer tiene capacidades extraordinarias para desarrollarse como profesional y además ocuparse de las cosas de la casa. Las mujeres de hoy nos atrevemos a cumplir con ese reto, que a la larga nos brinda la gran satisfacción de haber logrado sacar adelante a nuestros hijos con mucho esfuerzo y trabajo. Entonces, mientras más capacidades desarrolles en la vida diaria sin apegarse a lo material, tu autoestima se elevará a un nivel muy alto, donde tu energía será eficaz para mostrar al mundo y a ti mismo el potencial que tienes; sin miedos, sin dudas y capaz de tomar cualquier decisión que afecte a tu vida. **"Ser dependientes baja tu autoestima. Las personas necesitamos libertad para ser tal cual somos en el desarrollo de nuestras capacidades"**. **"La independencia te brinda la oportunidad de vivir como tú quieres"**. No dependas de nada, ni de nadie en tus proyectos de vida. Si lo logras surgir o si fracasas, será tu responsabilidad y tu experiencia sin que nadie se sienta con derecho a juzgarte. ¡Si funciona, celebrarlo con alegría! Si fracasas, hay que dejarlo fluir tal cual se desarrolle y asumirlo. Los retos son esenciales para tu crecimiento y para *equilibrar tus emociones. No permitas que nada ni nadie tenga acceso a tu mundo interior, ese mundo es tuyo y solo tú decides lo que te hace bien. Tu autoestima se levanta cuando tienes la certeza de saber el camino a seguir, la seguridad en ti mismo, en lo que crees, en tus ideales, en ser capaz de manejar cualquier situación en forma eficiente, sea difícil o peligrosa, sin cabida a la duda, que lo único que trae es distracción y por consiguiente el fracaso.*

Las Emociones

"Las emociones son las reacciones neurofisiológicas desencadenadas por un estímulo interno o externo, el sentimiento es la expresión subjetiva de las emociones". El desequilibrio emocional surge cuando hay una mala sincronización de pensamientos y actitudes. Entonces, el desajuste emocional hace que pierdas el control y nada está en su respectivo lugar. Esta actitud te podría llevar a la pérdida de todo lo que has trabajado por años, y no me refiero a lo material, sino a perder el sentido de tu vida después de haber recorrido el camino. Cuando esto sucede, ya tu corazón se había encargado de activar varias alarmas y tu hiciste caso omiso de ellas, porque él es el único que sabe cuando algo anda mal, es por eso que de tanta alarma encendida y desatendida, se enciende la del desespero y el descontrol, que son las encargadas de desordenarlo todo. *"Perder el control de tus sentimientos es muy grave, ya que implica tus afectos, lo que te hace feliz, ya no lo estás sintiendo; eso causa el desequilibrio que te impide seguir adelante".* No permitas que otros tomen el control de tus sentimientos y dominen tus pensamientos. Guárdalos en un lugar donde nadie los toque. Dale tiempo al tiempo, él se encargará de equilibrarlo todo en el momento del ajuste y la aceptación. Si sientes tristeza o desilusión, préndete de los afectos más cercanos a tu vida, no permitas que nadie lastime tu corazón, no lo entregues a cualquiera; busca la manera de alejarte de todo aquello que te hace sentir mal e infeliz. Debemos cumplir esta misión para poder llegar a descubrir el secreto de la felicidad. Muchos juzgarán de egoístas a las personas que se alejan de aquellas con las cuales no se logra equilibrar una energía positiva de amor y paz. Resulta

que no todas las personas estamos conectadas espiritualmente, por eso hay tantos malentendidos, ya sea en relaciones de pareja, familiar o de amistad. Las personas comunes piensan que por ser tu pareja te va a entender para complacerte, sin pensar que en realidad quien se tiene que agradar es uno mismo, con el debido respeto de saber que no somos dueños de nadie. La libertad del ser humano radica en ser auténtico, sin ser manipulado por otro ser humano. El amor y la amistad se brinda en libertad, y todo lo que demos será siempre sin condición. Lo que cada ser humano siempre debe conservar es la dignidad y el respeto a sí mismo, sin pregonarlo, ya que es sólo de interés privado. Pase lo que pase no perdamos el control de nuestros sentimientos, llevemos siempre dentro de nosotros esa esencia, dejando que todo fluya a nuestro alrededor.

> **"La gente espiritual se siente y vive feliz porque se respeta a sí misma, y cuando ese respeto surge efecto, se transmite hacia los demás naturalmente".**

Dignidad vs. Orgullo

"La dignidad es como tu cédula de identidad, lo que eres y representas. Es tu sentido emocional que permite realizarte como ser humano para obtener el respeto que mereces." La dignidad no se puede perder, porque lo perderías todo, sin credibilidad nada de lo que hagas en esta vida será real y respetable. Hay que tener convicción firme para conservar la dignidad. *"Ser digno es respetarse a sí mismo. Todo el mundo puede fallarte, pero tú nunca te fallarás porque harás lo que sea correcto para ti".* Muchas veces confundimos la dignidad con orgullo, que nada tienen en común. *"La dignidad es un sentimiento positivo que enaltece".* *"El orgullo es un sentimiento sin humildad, que confunde el significado de amor propio que es la dignidad, por un amor a la soberbia".* Las personas orgullosas aún no han aprendido a vivir, ya que lo usan como escudo para no ser lastimadas sin darse cuenta que los más lastimados son ellos mismos, porque se pierden la oportunidad de vivir como ser humano y crecer espiritualmente. El orgulloso no perdona, ni pide perdón y se encierra en un mundo oscuro.

> *"La dignidad te permite ser quien eres a la luz del día. El orgullo te aleja de la luz, y te acerca a la oscura soledad".*

Los Sentimientos

"Explora en tu interior para encontrar tus sentimientos más profundos, sé confidente contigo mismo y permite que tu alma fluya en verdad absoluta". Los sentimientos no expresados se convierten en frustraciones, que lastiman tu espíritu. Para liberarnos debemos expresar nuestro sentir a plenitud, nos hará mucho bien. El amor no tiene culpas, no conoce, ni reconoce otro sentir que no sea amor, no está al alcance de la mediocridad, ni de las malas energías.

"El amor no lastima, es halagador que te amen, pero más bonito es amar, y lo mejor que te puede pasar es sentirse amado por la persona que amas."

Si nos sentimos atados a sentimientos no fluidos, nunca sabremos la verdad de nuestra alma. Brindamos amor sin esperar nada a cambio, y muchas veces el sentimiento no es compartido como quisiéramos. Somos seres individuales, cada quien siente diferente, no esperes que el otro sienta lo que tú estás sintiendo. Sólo piensa que llegado el momento el ser amado adecuado llegará a tu vida, sin buscarlo. El verdadero amor fluye con una mirada y surgirá la conexión. Es un tanto difícil mantener bajo control los sentimientos debido a que dependen del equilibrio emocional que tengamos, no solo en lo personal. Como evitar no conmoverse estando el mundo como está hoy en día, Pandemia Covid-19, asuntos políticos, sociales y climáticos. La humanidad está en desajuste total, tantas situaciones en la vida que no nos permiten mantener el equilibrio emocional necesario para sentirnos en paz. Es importante prestarle atención para no permitir que nuestras emociones le ganen al sentimiento. Es decir, podemos preocuparnos por hacer algo para contribuir a que el mundo mejore, empezando con tu entorno, tu familia y amigos que necesiten de ti. De esta manera contribuimos a un mundo mejor y así bloqueamos nuestra sensibilidad. El equilibrio que logremos se transformará en un control de emociones para ayudarnos a estar listos para resolver cualquier tipo de problema que pudiera aparecer en nuestro pequeño mundo, como en el mundo entero. Hay que decirle adiós a los sentimientos negativos como el odio, la envidia, los celos y el apego a las cosas materiales, que son los que siempre oscurecen tu vida, no aportan nada positivo y te llevan con tristeza por el camino de la infelicidad.

"Si quieres ser feliz, desecha lo negativo y camina en lo positivo, donde encontrarás un sin número de oportunidades de ser feliz".

Tu actitud hacia la vida

*"**Sabemos que la actitud que tengamos está relacionada a cómo nos va en todos los aspectos de la vida".** Pocos humanos hacemos lo que debemos, casi siempre anteponemos todo, antes que revisar nuestras acciones y sentimientos. Es vital que nuestra actitud sea siempre positiva hacia todo lo que afecte nuestro bienestar, porque es el fin que perseguimos, y todos queremos llenar nuestra vida de momentos gratos. Pensemos siempre que el Universo está dispuesto a brindarnos lo que merecemos.*

Para lograrlo deben:

1. *Sentirlo en el corazón con la confianza de que te llevará hacia la realización de tus objetivos;*
2. *Transformar lo malo en bueno; lo negativo en positivo;*
3. *Tomar la vida de una forma más sencilla y fácil de entender donde las desavenencias son sólo experiencias pasajeras; y*
4. *Saber que el desamor es amor no fluido, y el olvido es sólo distracción, donde el dolor es el impuesto a pagar por las alegrías vividas, y la tristeza es el amor que no has dado.*

Cuando hayas descubierto tu mundo interior y apartado del mundo exterior, entonces podrás lograr todo lo que quieras. En el mundo exterior es donde te confundes, el apego a las cosas materiales te desgasta emocionalmente, es un mundo distinto, en el que vivir el día a día, sin meditar, ni descubrirse es tan normal. No se trata de seguir sin rumbo, en el que todos quieren llegar, ganar como único objetivo, donde nadie se para un momento a pensar y reflexionar, a ver si el otro necesita ayuda o si está bien o mal. Es frustrante vivir en un mundo donde la mayoría de las personas piensan que el amor es conveniencia; donde tener bienestar es acumular dinero; donde la bondad no es una condición para todos; donde nadie aprecia lo que haces porque juzgan por su condición; y nada de lo que les brinden lo recibirán igual, porque no son tu reflejo. Eso es negatividad donde el amor no nace, no crece, y no se reproduce.

"Tu actitud hacia la vida debe ser positiva a pesar de las circunstancias, es la única manera de lograr felicidad real".

Los Obstáculos

Evitemos poner obstáculos a nuestra felicidad, ya que ellos aparecen solos. Somos nosotros los que atraemos la negatividad a nuestras vidas y limitamos nuestras capacidades de hacer o de sentir. **"No se necesita ser sabio para entender que todo sucede por algo. Mantente en calma con el corazón fortalecido, listo para enfrentar el duro presente y el futuro incierto con prudencia".** Todo tiene su ciclo, aprendamos de cada vivencia siendo uno mismo y sin lastimarnos. Mantengamos firmes nuestras convicciones para aprender a vivir sin sufrir por lo que sucede y no nos gusta. **"El sufrimiento es negatividad, la buena energía se atrae siendo positivos."** No paremos nuestro rumbo porque alguien o algo nos falló, pensemos que así tenía que ser, que no era lo que necesitábamos. No podemos forzar situaciones que no están a nuestro alcance o que no nos corresponden, especialmente en cuestión de pareja, el amor nace y es magia pura, llega sin darnos cuenta, sin esperarlo. Todo fluye por sí solo, entonces no nos preocupemos tanto y vivamos más tranquilos. Los obstáculos son piedras en el camino que debemos aprender a caminar sobre ellas o simplemente encontrar la forma de evitarlas para continuar nuestro camino sin ser lastimados.

> **"En el mundo imperfecto en que vivimos los obstáculos que nos impiden surgir están a la orden del día. Aprendamos a esquivarlos con sabiduría".**

El Optimismo

"El optimista tiene la tendencia a ver y a juzgar las situaciones o cosas que puedan acontecer en su aspecto positivo y favorable". Es necesario creer en lo que enfocamos, con la certeza de poder alcanzar nuestros ideales. Para llenar nuestro espíritu de optimismo debemos trabajar en visualizar lo real. El miedo y el pesimismo destruyen tus objetivos, nada se logra si vives cargando a tu espalda ese karma muerto donde no hay nada que hacer. *"El optimismo te abre las puertas a lo que quieras descubrir y explorar, tu vida se convierte en un magnetismo que atrae lo positivo para fluir fácilmente".* Además te mantiene en calma porque te brinda la seguridad de saber que todo se dará y saldrá bien porque así lo crees, y el universo lo dispondrá así. Ser optimista te abre las puertas a las posibilidades, mientras que el pesimista las cierra. La actitud positiva está ligada a crear un hábito de creer. Por más difícil que parezca siempre hay que confiar en que todo lo bueno puede suceder aunque al final no suceda.

"El optimismo nos ayuda a creer que todo puede ser posible".

"Seamos optimistas para atraer buenos resultados".

La Empatía

"La empatía es la participación afectiva de una persona en una realidad ajena a ella". Los seres humanos fuimos creados sin distinción de razas o idiomas, todo lo que existe hoy en día conveniente o no, es manipulado por el hombre y para beneficio de unos cuantos. La solidaridad ha desaparecido en los corazones de las personas, quienes motivados por el deseo de poseer, se olvidan de ser humanos *"al no conmoverse por la necesidad de los demás"*. *"La empatía es el sentimiento humano que nos hace ponernos en el lugar o la situación del otro, para entender lo que aquella persona está sintiendo. Brindar solidaridad es amor compartido bajo una respetable acción, que al final enaltece mucho más al que da, que al que recibe".* Un ejemplo que se deja ver en el mundo diariamente es el hambre que padecen tantas personas de toda edad en el mundo. Si pensáramos en ellos antes de llevarnos un bocado a la boca, estaríamos promoviendo la empatía, al sentir la necesidad de ayudar a que esto no suceda. Hay muchas maneras de promover la empatía, como tener la actitud a flor de piel es una forma de ayudar. No desperdiciar lo que otro puede necesitar; buscar la manera de acercarte a la realidad de mucha gente que sufre, y que quizás tú puedas tener la solución o el consuelo para brindarles. La misma actitud debemos tener con los pobres animales del mundo que sufren a causa de personas sin escrúpulos e inmunes al dolor que ellos sienten al ser maltratados y abandonados por sus propios dueños. Los animales se diferencian de nosotros porque no piensan, pero sienten y está comprobado que más que nosotros los humanos

porque son capaces de amar con lealtad y devoción a pesar de todo.

"La empatía te convierte en un ser humano admirable y respetable".

La Generosidad

"Sabemos que compartir es dividir bienestar, multiplicar la alegría, restar la tristeza y sumarle capítulos a la historia de nuestras vidas". *La generosidad te hace saber que tu misión en la tierra está siendo cumplida; que no existes por existir; que estás dejando huellas y haciendo lo que debes con amor. Ser solidario brinda la dicha de vivir plenamente en armonía contigo y con el creador. Las personas generosas, viven conscientes de sus actos, tienen el instinto natural de hacer lo que deben sin dudarlo. "Un ser generoso abre su corazón para entregarlo sin medidas, y si ofrece lo material, en el proceso de entregarlo se convierte en un símbolo de amor, y es sólo AMOR lo que se entrega".* *La generosidad te transforma en un ser de alma blanca, con un hermoso sentir, después de vivir la divina experiencia de dar sin esperar recibir nada a cambio. La generosidad es una necesidad del alma, que empieza de a poco y no se traduce en regalar cosas materiales, sino regalar amor en todas sus ramificaciones.* *"Despréndete de todas las dependencias, libera tu sentir, ábrete al mundo, regala, comparte y déjate llevar por tu corazón".* *La vida es tan corta para vivir atados a lo material que no es la verdadera felicidad. Vivamos, pero ante todo seamos humanos. La realidad es que todos tenemos siempre algo para ofrecer, hay necesidades básicas que muchas personas no tienen al alcance, y quizás nosotros sí podemos ser sus ángeles terrenales elegidos para regalar felicidad. En el mundo entero la necesidad de la humanidad es la paz, que la están perdiendo, y con la pandemia se sumaron más necesidades en el mundo entero. Podemos ayudar, con lo que esté a nuestro alcance, no se trata de cantidad, sino de sensibilizarnos con la tragedia de nuestros semejantes. A veces*

una sonrisa o una palabra de afecto puede ser gratificante. Todo lo que fluye naturalmente hace tanto bien a las personas que se sienten solas y tristes. Hoy en día las páginas de las redes sociales están llenas de personas en busca de alegrías que aporten sentido a sus vidas. **"La generosidad te enaltece como ser humano, no te vuelves una buena persona por ser generoso, lo que realmente sucede, es que eres una buena persona porque te nace ser generoso".** Las grandes instituciones que se encargan de convocar a gente generosa que tienen los medios para ayudar a los necesitados, siempre tienen la lista de donadores en el anonimato, porque de eso se trata la generosidad, de brindar sin esperar ser compensado, ni homenajeado. Siendo generosos aprendemos a convivir con los demás, porque fuimos creados para ser buenos.

"La generosidad es una virtud que nace de un corazón bondadoso".

"Siéntete feliz de ser generoso porque tu alma está llena de satisfacciones al compartir la alegría con los demás".

"La generosidad es símbolo de lealtad a nuestros valores como seres humanos".

Connie C. Torres

Las Decepciones

Es muy común decepcionarnos cada vez que idealizamos algo o a alguien. Al final descubrimos que nos equivocamos porque la mente idealiza lo que no es real. **"La mente se encarga de los ideales, el corazón del amor".** *La mente te lleva lejos, vuela alto como los pájaros, que te lleva a lo inimaginable, lo creado y lo que tu puedas crear, te hace soñar, con todo lo que tu crees real, pero la realidad es que sólo está en tu mente.* **"El corazón te baja de esa nube, te hace ver la realidad, porque siente, presiente y te da mensajes divinos".** *Muchas veces, sucede que tu mente tiende a hacer cosas o tomar decisiones, que te hacen dudar. Sientes* **"corazonadas",** *que te están enviando un mensaje diferente, entonces dudas, porque las emociones están llenas de dudas. Los sentimientos siempre serán firmes y nunca mueren, solamente se transforman.* **"Para evitar sentirnos lastimados, no imaginemos, mejor preguntemos en vez de sacar conclusiones".** *Las personas necesitan comunicarse, es la única vía al razonamiento para evitar malos entendidos que conducen a decepcionar a las personas por conceptos creados en la mente.*

> **"Aprendamos a través de nuestros errores, las vivencias se transforman en sabiduría".**

> **"Evita idealizar a las personas si no quieres sufrir decepciones".**

El dolor del alma

"El dolor es un sentimiento ocasional, que nos acompaña en el camino de la vida y tenemos que aprender a lidiar con él". Sientes el dolor en el alma cuando la vida te pone duras pruebas y resultaste herido en tus sentimientos a causa de situaciones difíciles. En la búsqueda de la felicidad estamos expuestos a encontrarnos con inconvenientes, es parte de la vida, aprender y seguir. Evitar el dolor es imposible, ya que cada vez que algo o alguien nos lastima, el corazón se fortalece y crecemos emocionalmente. No podemos evitar sentirlo, pero sin sufrirlo o dejarlo que se hospede en nuestra alma, el dolor es pasajero, así como viene tiene que irse, no podemos hacernos cargo, no es sano, trae malas vibras y destrucción. El dolor es el principio de una cadena de sufrimientos que es causa de depresión. La depresión es una enfermedad que necesita ser atendida profesionalmente, para no caer en el abismo que podría ser fatal. Es un mal que te puede llevar a la muerte si no tienes la capacidad de amarte a ti mismo y reconocer los valores internos que posees; para ayudarte a tomar las cosas que pasan de una forma liviana y casual, y dejando que la naturaleza se encargue de hacerlo desaparecer con voluntad y esfuerzo. *"El amor no es dolor, si te causa dolor es porque nunca hubo amor".* Lo único verdadero es el amor, por amor se lo juega todo pero por el dolor no se apuesta nada, porque nada vale. Vivamos felices mientras dure, lo que dure será ganancia para nuestro sentir, la vida no es un contrato, ni un formato a seguir. La vida es aprender de lo que diariamente sucede, dándole el tono alegre a nuestra actitud hacia la vida para ser felices. No dejemos que el dolor se instale en nuestras vidas, porque es la negatividad lo que nos lleva al desajuste emocional.

El sufrimiento y las amarguras

"El sufrimiento junto a las amarguras se transforman en odio, y el odio es el cáncer del alma que te condena a una vida infeliz". Tu corazón fue creado divinamente para dar amor, por lo tanto, si en vez de amor desborda odio, nada bueno puede aportar a tu vida. Hay muchas personas que lo padecen y no se han dado cuenta, porque ni siquiera se han descubierto ellos mismos. Las personas encarceladas en ese mundo lleno de negatividad no pueden percibir lo bueno y hermoso de la vida, ya que su alcance espiritual no se los permite. El sufrimiento es la acumulación de desamor, rencores, odios, envidias, frustraciones, etc. que lastiman tu alma, bajan tu autoestima y destruyen la pureza de tu espíritu.

Las personas que le dan cabida al odio:

a) No han descubierto su mundo interior;
b) No se preocupan por encontrarse a sí mismo;
c) Viven en el mundo exterior, en el materialismo;
d) No se interesan por las necesidades de los demás; y
e) Están sumergidos en un mundo oscuro, donde la luz de la esperanza no brilla y no sienten amor.

Para dejar de sufrir debes empezar a quererte mucho, a pensar positivo y todo se convertirá. Pero lo debes querer desde adentro, desde el fondo de tu corazón. No trates de encontrarle explicación a lo inexplicable, lo que sucedió, ya pasó, olvídalo, no permitas que tu pasado arruine tu presente y las perspectivas de un futuro incierto. Se realista, termina por aceptarlo, cambia, ama y perdona, siempre siendo auténtico, sin querer ser como los demás.

Cuando sabemos y podemos equilibrar nuestras emociones, toda situación de dolor, de frustración o de tristeza desaparece, y damos un paso más hacia adelante para nuestro crecimiento.

"Debemos aprender a lograr ese equilibrio emocional que nos ayude a transitar por la vida, sin miedos que nos impidan tomar todos los riesgos a que estamos expuestos".

"No le des cabida al dolor, sólo aprende, fortalece tu espíritu y deja que se vayan sus malas vibraciones".

"El sufrimiento y las amarguras destruyen la vida de cualquier persona".

Llorar hace bien

*Lloramos desde que nacemos, ya sea de tristeza o de alegría, en ambas situaciones son sentimientos ocasionales. **"Está comprobado científicamente que las lágrimas despejan el alma y calma el dolor".** Cuando el cielo está nublado y llueve, la lluvia se lleva todo, el cielo vuelve a ser azul y limpio. Lo mismo sucede con tu alma, después de llorar sentirás que sacaste el dolor, y volvió la calma. Cuando sientas esa confusión, déjalo fluir, llora con ganas, libérate, después vendrá la paz y el equilibrio emocional que te permitirá entender que así tenía que ser, que no hay más dolor, ni frustración. Tu corazón tiene que llorar de vez en cuando para descargarse de las energías negativas. No siempre lloramos de tristeza o desolación, muchas veces lo hacemos de alegría o a causa de emociones encontradas, sensaciones no vividas o simplemente porque se nos desborda el amor. Llorar hace bien para curar un gran dolor, que al final siempre será una renovación que nos dará la bienvenida a la vida. Las personas sentimos, y cuando nos sucede un evento difícil de aceptar o que nos causa angustia es normal que el corazón tenga ganas de llorar. Lo preocupante es albergar para siempre en nuestro corazón una tristeza que debe ser pasajera, y no tuvimos el valor de sacarla en el momento que se instaló. La mejor manera de desfogar es con un fuerte llanto para que la tristeza desaparezca de nuestras vidas.*

> *"Llorar hace bien y es necesario para sacar el dolor, siempre que sea pasajero y no se convierta en una costumbre".*

La Soledad

"La soledad es una sensación de vacío que transmite inseguridad en tu vida existencial, también tiene que ver mucho con la autoestima y la capacidad de manejar tus emociones". *Equivocadamente se relaciona a la soledad, al vivir solo sin compartir tu vida con alguien más. Esa soledad que se apodera de tu vida llenándote de tristeza el corazón, sintiendo la falta de tu pareja o de tus lazos afectivos. Cuando en realidad ese vacío que sientes ahora lo podrías llenar con tantos valores que tienes dentro.* *"La soledad es una puerta de entrada al encuentro con tu interior, en vez de sentirte solo, úsala para buscar en tu corazón tu verdadera felicidad".* *Convierte tu espacio en energía positiva para reflexionar y meditar, obtendrás resultados sorprendentes, ni te imaginas lo que hay en ese maravilloso mundo espiritual. Nunca estamos solos realmente, siempre hay alguien en nuestro entorno que quiere que seamos felices con lo poco o mucho que tengamos. Cada uno de nosotros tenemos el potencial suficiente para superarlo todo y salir adelante, solamente debemos creer en nuestra fuerza interior y cultivar nuestros días con buenas acciones. Un ataque de soledad sucede cuando no quieres ver, ni hablar con nadie, y te abandonas para hacer un culto a la depresión. Este es el escenario perfecto para querer morirse en vez de reflexionar y tomarle el sentido a tu vida. Ante cualquier situación que nos haya causado un desajuste emocional, dejemos que fluya y se resuelva sola, es la única manera de quitarnos un gran peso de encima. El estar relajado suaviza el alma y brinda la paz que necesitas, entonces puedes hacer lo que más te guste, mientras llegan los mensajes divinos que el universo tiene para ti. En la*

vida hay tantas cosas que podemos hacer para nuestra felicidad, sólo se trata de enfocarnos en lo que nos brinde alegría, que es el antídoto para la depresión. Sabemos bien, que cuando entras en ese trance, no deseas hacer nada, porque las malas energías te lo impiden. ¡Es verdad! Eso pasa porque tu lo permitiste, porque tu mente motivada por el dolor te dijo: ¡Que todo está mal, acuéstate en una cama a llorar, a sufrir y si quieres destruirte está bien! ¡No, no está bien esa actitud! La fuerza de carácter y de voluntad hace que seamos capaces de no caer en el dominio de la mente, que podría destruir nuestra vida. Hay que tener madurez en todos nuestros actos y aceptar lo que nos pase, sea bueno o malo, como parte de la vida. Tomemos cada alegría como un regalo y cada tristeza como el pago por esa alegría que ya tuvimos, todo tiene su razón de ser. El equilibrio te llegará después de haberte sentido así, reconocerás que nunca vale la pena desear morirse, siempre hay que resurgir, de eso se trata la vida.

> **"La soledad es un encuentro contigo mismo, tu familia más cercana, no la rechaces, nacimos solos y solos nos vamos de este mundo".**

El Duelo

"El duelo dura un largo tiempo, es imposible no sentir el dolor al perder a un ser querido, no se trata de no sentirlo o sufrirlo; hay que aprender a vivir con el duelo en el alma". El duelo se lleva por dentro con respeto y dignidad, sufrimos pero debemos tratar de llevar ese dolor en lo profundo de nuestro corazón. No solo me refiero a una pérdida fatal, sino a todo lo que perdemos alguna vez en la vida, porque algo se muere dentro cuando nos aferramos a alguien que sabemos que se irá. Vivimos en un permanente duelo voluntario. *"Somos seres humanos mortales con una vida corta, y tenemos una misión establecida, que cuando ya esté cumplida, nos toca el momento de partir". "Dejemos huellas con nuestras acciones de amor, haciendo lo que nos sale del alma, creando un legado lleno de satisfacciones propias; hecho en base a la capacidad y esfuerzo propio".* Cuando nos vamos de este mundo no nos llevamos nada, pero sí dejamos nuestra esencia materializada en lo que hicimos y espiritualizada en lo que fuimos y brindamos a los demás, de esa manera seguiremos vivos en los corazones llenos de verdad absoluta. La opinión del que no entiende la realidad será: "Que pena que nos deje, era muy bueno". No se trata de lo que piensen los otros de lo que hayamos sido en vida, se trata de lo que fuimos y sentimos realmente mientras estuvimos en este mundo. Deberíamos estar preparados para aceptar el ciclo de la muerte, como un acto natural en la ley de vida del ser humano, nacemos, crecemos, nos reproducimos y morimos.

"El duelo lo llevamos en el alma, escondido como nuestra religión que nos muestra lo capaces que somos para equilibrar nuestras vidas con madurez".

La unión de pareja

"La unión de pareja es el amor que une a dos personas en un sentimiento maravilloso de respeto, lealtad y confianza". Una unión en pareja es la libertad de unirse-atados por el amor mientras dure, aceptándose tal cual son y apoyándose sin condiciones en una una relación funcional. Debemos tener la certeza que nadie viene a este mundo a hacernos felices, somos nosotros los responsables de nuestra felicidad, el otro no sabe tu necesidad por eso haz todo lo que te haga feliz y que tu pareja también haga lo mismo. En el mundo espiritual, existe la individualidad, son dos mundos perfectos amándose bajo sus propias convicciones pero que al mirarse el uno al otro se encuentran, se ven a sí mismo como en un espejo, en el cual ninguno de los dos pretende cambiarse o poseerse, sólo dejan fluir el amor puro. Tienen conciencia para poder distinguir las situaciones que se pueden resolver y las que simplemente se resuelven solas con el tiempo. Saben que nada dura para siempre, todo evoluciona para el crecimiento, aprenden a aceptar que todo tiene su razón de ser. Tienen el control de sus vidas y del amor que sienten porque la respuesta está en su corazón. No podemos esperar que nadie nos brinde la felicidad anhelada, quizás necesitamos lo que el otro no tiene para dar. Podemos ser lo que queremos, sin esperar un mundo estructurado a nuestras expectativas. Debemos confiar que somos capaces de respetar para que nos respeten y brindar amor para que nos amen. Somos lo que damos, es así como fluye la vida, y así empieza toda pareja que se ama.

Las Ataduras

"Las ataduras son estilos de vida poco saludables que desgastan el alma y enferman el corazón, son cárceles sin rejas llenas de miedos". Una vida en pareja es compartir dos mundos en un solo nivel. Si tienes que perder tu mundo, tu esencia, lo que eres, para convertirte en la prolongación de tu pareja, te conviertes en su continuidad bajando tu autoestima. No es sano emocionalmente vivir así, haciendo todo lo que esperan de ti, ya sea por amor, por confusión o por lo que sea, siempre habrá una justificación a este comportamiento que atenta con los derechos humanos. Se muere por dentro lentamente cuando perdemos nuestra autenticidad. "Nacimos libres, venimos a este mundo a ser felices, no permitamos que nadie nos borre la sonrisa de los labios y nos calle para que no se escuche nuestra voz". Es sano y relajante tener una relación basada en el diálogo y el respeto mutuo, sin cadenas, ni ataduras que no permitan ser lo que eres. Crear un balance emocional que te permita disfrutar con tu pareja de momentos excitantes y felices hace que la relación funcione y sea duradera. Sentir la libertad de poder elegir lo que te gusta, también negarte a lo que no te gusta, hace que admires y respetes a la persona que está a tu lado.

> *"Poder ser tu mismo sin inhibiciones, y que tu pareja tenga la misma libertad son dos mundos maravillosos destinados a perdurar, porque no habrán ataduras que los obliguen, solo la voluntad de amar y de querer permanecer unidos por amor, respeto y admiración".*

Las Separaciones

"Las separaciones son desgastantes, y si todavía existe amor en alguno de los dos, es más difícil aceptar que una historia de amor llegó a su fin". *Existen varios factores que pueden quebrantar una relación, sea cual fuera el motivo, es mejor separarse a vivir el infierno del desamor, la falta de respeto y la desconfianza. Yo siempre he tenido la convicción de que una unión de amor no se rompe fácilmente, que nadie le quita nada a nadie. Una unión de pareja se rompe, porque sus bases en la cual se sostenía el amor, el respeto, la confianza y la lealtad no eran firmes, porque se transformó el amor y con ello se desordenó toda la relación. En esta catástrofe no hay culpables, ese pensamiento es erróneo, nadie quiere pasar por una situación así, y sin esperarlo puedes ser tú navegando en el río del desamor. Ante una situación así, no queda más que afrontar la separación. En los tiempos que estamos viviendo ahora separarse debiera ser algo normal, no podemos estancarnos en lo que no funciona, pues estamos malgastando nuestra energía en algo no fructífero. Cuando tu pareja busca nuevos afectos, es porque no llenaste sus expectativas, el amor se transformó, ya no fluye más, eso es definitivo, nada de lo que hagas hará cambiar las cosas ni volverá a ser igual. Es una batalla perdida el pretender luchar para salvar una relación que se acabó, porque desde el momento en que tu pareja ya no quiere estar contigo, es porque ya no existe la conexión. La relación es entre dos, para amarse, mirarse en el mismo espejo y en la misma dirección, si no existe eso, no existe tal relación, entonces ya no hay nada que hacer, lo que queda es el diálogo que conlleve a una inevitable separación. Afronta la situación, no importa los años que compartiste con tu pareja,*

lo importante es lo feliz que fuiste mientras duró y es lo único que cuenta. ¿Y si existen hijos?, ellos entenderán en su momento, pero cuando son pequeños no es fácil tomar esta decisión sin que les afecte. Los padres tenemos la obligación de estar dispuestos a brindarles todo el apoyo necesario. Cuando son adolescentes, es una etapa muy crítica, poco saludable para ellos poder enfrentar la separación de sus padres, pero tienen mayor capacidad de entendimiento que les ayuda a enfrentar cualquier trauma. Lo recomendable es buscar ayuda psicológica en estos casos, y lo más importante el amor y comprensión de los padres hacia los hijos. Una separación de padres en términos respetables ayuda a que la impresión de sus hijos no sea tan traumática, más bien cordial y pacífica.

"Separarse de una relación que no funciona es el comienzo de una que sí puede funcionar, no necesariamente con otra pareja, si no contigo mismo".

Tener buenos hábitos

Las personas con buenos hábitos son las más equilibradas en todos los aspectos de la vida. **"Un comportamiento ordenado y responsable es la característica de ciertas personas que aunque no recordamos sus nombres pero las identificamos por su frecuente hábito".** *Por ejemplo: En mi adolescencia mi padre solía llevarme al Colegio mucho más temprano de la hora de entrada, y a mi me decían la niña que madrugaba, se convirtió en algo muy normal en mi estilo de vida que hasta la presente fecha mi tiempo siempre está bien organizado y nunca llego tarde. Manejar tus finanzas con responsabilidad es un problema para muchos, gastar más de lo que ganas es un pésimo hábito. Usar tarjetas de crédito para quienes no tienen buenos hábitos con su dinero no es lo aconsejable. Primero necesitas organizarte, es muy difícil si no has crecido con buenos ejemplos en cuestiones de economía. Los padres tenemos la obligación de crear estos buenos hábitos desde niños, enseñarles el valor del dinero, cómo y cuándo gastarlo. Para estar organizado en tu economía, debes hacer una lista de tus gastos mensuales(egresos) y otra de tus ingresos, que siempre deben ser mayor que tus egresos. Para que tengas un equilibrio económico siempre tiene que sobrarte algo de dinero para cualquier gasto extra o para ahorrarlo si es posible. Entiendo que ahora en nuestros tiempos cómo está la crisis y la situación económica mundial, con que lleguemos a fin de mes cubriendo con todos nuestros gastos, ya estamos bendecidos. Los buenos hábitos no sólo radican en ser puntual y organizado con tu dinero, estos hábitos se forman desde tu niñez y te ayudan a tener un comportamiento de vida adecuado.*

Tienes buenos hábitos cuando:

1. *Eres educado y respetuoso;*
2. *Cumples organizadamente con tus compromisos existenciales;*
3. *Aprendes a respetar el comportamiento de los demás;*
4. *Eres honesto contigo mismo y dices la verdad;*
5. *Tratas de aprender cada día algo nuevo;*
6. *Eres independiente mental y económicamente; y*
7. *Creas el hábito de SER FELIZ, a pesar de los inconvenientes.*

Los padres y los maestros somos los responsables de fomentar buenos hábitos para el desarrollo del ser humano del futuro. La buena actitud nos ayuda al cien por ciento para poder realizarnos como seres humanos en esta sociedad, y en el ámbito profesional como parte de la estrategia para salir adelante, en base a todos los conceptos existenciales.

Los Remordimientos

*"**Son cadenas de amarguras que te quitan la paz y la alegría de vivir." "No se puede vivir cargado de remordimientos, al final te derribaras, por consiguiente nada de lo que hayas hecho habrá valido la pena".** Los remordimientos se hospedan en la vida de una persona cuando se cometen actos indignos que muchas veces fueron errores o decisiones mal tomadas. Esta situación te marcará de por vida si no te arrepientes y lo enmiendas. Si eres una persona negativa, de malos sentimientos, jamás sentirás remordimientos, lo siente la gente que se equivoca, pero que tiene la oportunidad de reflexionar, y de rectificar. Los remordimientos son alarmas que tu corazón emite para que sepas que has hecho algo mal, que te estás desequilibrando, y que tu vida no debes conducirla de esa manera. Para evitar sentir remordimientos, debemos pensar antes de actuar, dejarnos llevar no solamente de nuestro corazón, también del sentido común acorde con la realidad. De esta manera cuidamos el alma que es la encargada de mantenernos en el equilibrio que brinda la paz. Estando en ese balance emocional evitamos herir los sentimientos de los seres que no queremos lastimar, ni perder, y por consiguiente nos alejamos de los conflictos que causan los remordimientos.*

> *"**Los remordimientos son pensamientos de culpa continuos que te martirizan hasta que decidas enmendarlos".***

Las Decisiones

*"**Las decisiones se toman cuando nuestro corazón está en calma, es el que nos ayuda a tener aciertos**". Toda decisión debe ser tomada después de analizarla, habiendo evaluado las ventajas y desventajas que nos ocasionará. Debemos procurar el beneficio mucho más que el perjuicio en caso de que no sea la decisión correcta. Cuando te toca resolver nunca sabrás en el momento si es la respuesta exacta, el tiempo te lo dirá, eso es lo grandioso de tomar decisiones, al final descubrirás que hiciste lo que sentiste correcto en ese momento. En esta vida todo es un riesgo, la propia vida lo es, nos la jugamos día a día en el maravilloso mundo del vivir, entonces cuando tomamos una decisión que podría cambiar nuestras vidas es un reto más a cumplir. "**La clave de la sabiduría es la eficacia con que acertemos. Si fracasamos nos vamos a adjudicar la lección como un gran aprendizaje de vida**". Sabemos que algo nos conviene, cuando nuestro espíritu está en calma, y nuestro corazón no tiene que hacer el mínimo esfuerzo para sentirse feliz. Si proyectamos un acontecimiento y fluye naturalmente, sin desesperarnos o preocuparnos si saldrá bien o mal es cuando hemos tomado la mejor decisión. Cuando el amor llega a tu vida sin buscarlo para entregarse a ti sin límites, y te inspira confianza, es el amor de tu vida. La confianza es la luz de la esperanza de saber que lo que estamos sintiendo está bien. De cada cosa positiva o negativa siempre sacamos algo que nos ayuda a crecer y a ser una mejor persona. "**Para tomar decisiones con madurez debemos estar conscientes de que podría favorecernos o no, pero que igual estamos preparados para lo que acontezca con serenidad**".*

El Miedo

*"**El miedo es la inseguridad llena de negatividad que causan el fracaso de las personas que les asusta la vida**". Vivir con miedo es no vivir, un sentimiento dañino con malas vibraciones que no te permitirá avanzar, ni tener retos por temor al fracaso. El miedo te impedirá crecer, no aprenderás, ni enseñarás nada por tener esa mala actitud. Las personas inseguras no se atreven a luchar por nada, y es un grave error porque nada lograrán en la vida. El mundo es de los valientes, de los que lo apostamos todo, lo damos todo sin temor, porque si nos equivocamos, empezamos otra vez. El universo siempre estará a nuestro favor, dispuesto a darnos la energía positiva para combatir cualquier situación negativa. El miedo es instinto propio pero manejable, que lo puedes controlar hasta desaparecer completamente, es un proceso en el que debes empezar a trabajar para deshacerte de él. Afronta todos tus miedos y desaparece de tu vida las inseguridades, porque no podrás cumplir tus ideales. No permitas que el miedo te domine porque arruinará tu vida con tu autorización. La actitud eficaz para combatir los miedos que te rodean es levantar tu autoestima, y confiar en ti. Te alejarás de la negatividad para siempre.*

*"**El miedo no existe en el amor, porque mientras el amor se magnifica, el miedo desaparece**".*

Sugerencias que aportan salud física y mental

"*La salud física y mental del ser humano son vitales para la existencia*". *Muchos cuidan su cuerpo, la salud física, pero muy pocos prestan atención a la salud mental.* "*La salud mental es la que te permite manejar situaciones precisas, en una forma adecuada*". *Está comprobado científicamente que para mantener tu salud física y mental en pleno equilibrio necesitas ser coherente en tus determinaciones. Nuestro cuerpo responderá bien y no nos enfermaremos fácilmente. Por supuesto, este estilo de vida precisa de una buena y balanceada alimentación acompañada del ejercicio físico. La salud mental te trae la paz que necesitas en tu diario vivir. Saber equilibrar tus emociones es la sabiduría que tu existencia precisa. Regala a tu cuerpo y a tu mente una vida sana. Mantén tus sentimientos bajo control para que no le ganen a tus emociones. Los sentimientos son firmes, mientras que las emociones son fugaces y fuera de control. Si logras ese equilibrio, entonces tendrás en armonía tu salud física y mental.*

Para lograr un equilibrio entre la salud física y mental debemos:

REÍRNOS.- *El corazón alegre constituye un buen remedio, ríete de lo que sea, incluso de ti mismo. Está comprobado científicamente que la risa promueve la salud corporal, mental y espiritual. La risa promueve tu salud corporal de una manera eficaz, porque casi todas las enfermedades y especialmente el dolor están relacionadas con la vida que lleves, si te pasas toda la vida sufriendo y triste, te pasarás toda la vida con dolor y enfermo. Reír aporta esparcimiento y energía positiva a todo lo* que hagas, y tendrás más energía para desempeñarte mejor en tu trabajo o en cualquier actividad que realices. En el mundo espiritual es esencial, porque la risa no sólo brinda alegría y armonía al corazón, sino que te ofrece la certeza de saber que tu alma está limpia de tormentos o preocupaciones.

PENSAR POSITIVO.- Aunque sea por un breve momento, piensa que todo se resolverá, es cuestión de esperar sereno y calmado, todo cae por su propio peso, y nada es para siempre. Siempre nos dejamos agobiar por los problemas que la vida nos presenta, pensando que somos incapaces de resolverlos. Nos preocupamos tanto hasta llegar a enfermarnos, porque nuestra mente hace que un problema se pueda convertir en una catástrofe. No debemos darle mente a lo que no tiene solución, ni tampoco a lo que sí, hay que dejar fluir. Mantengamos nuestra energía positiva y en calma, esperando siempre buenos resultados para crecer espiritualmente.

CUIDAR LA SALUD.- Ejercítate y mantén una alimentación balanceada. El ejercicio ayuda a liberarte de las tensiones y las toxinas de tu cuerpo para mantenerte saludable. Con una alimentación sana lograrás sentirte lleno de energía, para promover la buena salud. El ejercicio es vital para mantenerte en forma, si no te gusta, trata con lo más sencillo: caminar, en vez de tomar el bus o usar las escaleras en vez del elevador.

SER SOLIDARIOS.- Ayuda a tus semejantes, siéntete listo a prestar una mano amiga, no importa las veces que lo hagas, lo que importa es la intención. La solidaridad es un gesto de nobleza gratificante, que alegra tu corazón. Todo lo que hagamos con amor está bien hecho.

CULTIVAR EL ESPÍRITU.- Medita, haz un estudio de lo que eres, lo que quieres, y hacia donde quieres llegar, busca en tu interior y encuentra esa luz. El mundo de la espiritualidad es real, no pierdas la oportunidad de tu vida para encontrar la felicidad. Entra a ese mundo divino donde te sorprenderás y te quedarás en él.

LEER.- Lee un libro que aporte algo positivo en tu vida y te llene de nuevas emociones, que al terminar de leerlo, lo quieras recomendar al mundo entero, que toque tu sensibilidad y armonice tu existencia. Un libro que cambie tu vida, que su contenido te convierta en una mejor persona.

DORMIR BIEN.- Es esencial y vital dormir bien, le brinda a tu cuerpo y a tu espíritu el balance que necesitas para rendir un día laborioso. Al final la recompensa después del trabajo es el descanso. Dormir bien aporta salud corporal, el cuerpo lo necesita y tu espíritu también, cuando tu cuerpo duerme tu espíritu no, pero tu alma está en calma. Tu cuerpo y tu alma le brindan al espíritu el balance necesario para sentirse relajado.

COMPARTIR CON AMIGOS.- La amistad es uno de los sentimientos más fieles hacia la felicidad, los buenos amigos siempre están en comunión con tus sentimientos, compartiendo los buenos y los no tan buenos momentos. La casualidad de la vida te ofrece la alegría de conocer gente y compartir con ellos momentos felices, agradables, pero eso no garantiza una verdadera amistad. **"La verdadera amistad es entregar tu corazón, tiempo, paciencia, admiración, confianza, lealtad, y comprensión a cambio de respeto y afecto sincero"**.

EVITAR EL ESTRÉS.- Lo mejor para evitar vivir con estrés es decidir tomarte la vida con calma para ser feliz. Eres el responsable de tu felicidad que está ligada a tu salud física. Mantener un cuerpo y mente sana fuera del estrés es aprender a ser feliz.

Relájate, medita y piensa que todo problema tiene solución, y si no la tiene, esa solución es la que debía de ser. Sé feliz con lo que ya tienes sin esperar, ni desear más, todo lo bueno vendrá a ti si lo atraes con tu actitud positiva.

"La felicidad está a tu alcance, no la dejes pasar de lado, porque puede que no tengas la oportunidad de verla otra vez."

Connie C. Torres

Vivir en el presente

*Para vivir en el presente no podemos enterrar el pasado, al menos que sea un mal recuerdo, pero toda vivencia nos deja un aprendizaje de dónde sacamos la mejor experiencia vivida. Tu crecimiento como ser humano se logra a través de vivencias. **"Necesitamos de la lección aprendida en el pasado para vivir en plenitud nuestro presente, seguros de poder desarrollarnos de una forma eficaz".** Siempre debemos olvidar lo malo del pasado, para no atormentarnos con culpas de lo que nos causó daño, y nos hizo sentir infeliz. El presente es ahora, tu realidad es lo que estás viviendo; el momento de arriesgarlo todo por el todo; sin miedos; sin temor; y teniendo la certeza de saber lo que hacemos aunque nos equivoquemos. **"Los errores del pasado se corrigen en el presente y no se vuelven a cometer en el futuro".** El futuro es incierto, lo proyectamos sí, pero quién sabe lo que habrá más allá. Conozco a personas que vivieron solo para trabajar y ahorrar dinero para el futuro. Trabajaron siete días a la semana sin tomar vacaciones, llegaron a la tercera edad y con ello las enfermedades. Hoy en día todo el dinero que ahorraron, no les sirve para curar sus males y solo esperan el final para dejar ese dinero acá en la tierra. Me pregunto: ¿En qué valió la pena para estas personas, tantos años de sacrificio? Su único objetivo fue guardar y no gastar el dinero, dejando pasar la vida por un lado, sin disfrutar, ni vivir momentos especiales que lo mereces al trabajar y esforzarte por surgir. **"La dicha de vivir consiste en tener motivaciones que le den sentido a tu vida, tus talentos ponerlos a disposición del mundo y empezar a desarrollarte en tus capacidades hasta lograr el objetivo".** Debes renovar tus metas continuamente sin dudar de tu potencial, cree y confía en* tu capacidad para lograr lo que quieres con tu propio esfuerzo. Cuando una situación es forzada, quizás logres tus objetivos, pero al final, cuando ya estés cansado de tanto luchar, no tendrás las energías suficientes para disfrutar lo logrado. Mientras que si esperas calmado que todo fluya, llegará lo que merecías. **"Vivir en el presente es construir tu felicidad a diario, pensando que cada día es un regalo, que nos aleja de la tristeza para acercarnos a la dicha anhelada".** Hay que aprender a ser pacifista y defensor de los derechos humanos para mantener un equilibrio rodeado de afectos reales. Sé tú mismo y no planees tu futuro, déjalo que te sorprenda con una actitud positiva, con tus pensamientos transparentes sin quedarse de brazos cruzados. Hay que hacerle la lucha al presente, ese que te proyectará a tu futuro, a lo que enfoques, a lo que hayas trabajado, no me refiero a lo material, eso va y viene, y también fluye solo, mientras más brindes, más el universo te recompensará. Mi enfoque es cuidar la parte emocional como prioridad, para vivir un presente que será mucho mejor en un futuro no planeado.

No acumulemos rencores

Tenemos la suerte de compartir con familia o amigos, ya sean momentos felices o tristes, y eso es un regalo divino. Debemos dar gracias a la vida por tener la dicha familiar, sin permitir que la duda o desconfianza la desbalance. **"Si se presentan malentendidos, lo apropiado es dejar fluir el amor divino y perdonarse". "La familia merece que entreguemos ese amor, con respeto y libre albedrío, y todo lo que brindes se convertirá en un acto sublime".** Cuántas personas en este mundo darían lo que fuera por tener una familia a su lado, y por una serie de motivos sufren separaciones de toda índole, pero el amor rompe la distancia y el tiempo. Por otro lado, hay casos de familias que viven alejadas por circunstancias de la vida; muchas veces por no ser capaces de respetar las ideologías de cada persona como individuo; y en general, porque siempre esperan mucho más de lo que algunos seres humanos pueden brindar. La realidad es que sin causa justa, por uno u otro motivo mal infundados guardan rencor en sus corazones por pensamientos negativos que se traducen en sentimientos de envidia o rencor. Si algunos de ustedes están en una situación parecida o vive enclaustrado en ese mundo oscuro, siempre tienen la oportunidad de reflexionar, de salir a la luz, perdonar y pedir perdón para liberarse de esos sentimientos impuros acumulados, que aunque parezca mentira al que más ha lastimado es a la persona que lo vive, siente, y a través de ella a sus seres más cercanos. No acumulemos más rencores, confrontemos los problemas con dignidad y aceptemos con fortaleza los inconvenientes. El rencor te convierte en una persona amargada, vacía, sin nada que ofrecer a tus semejantes, ni siquiera a los que realmente quieres, *porque ya le has transmitido tu mala vibra causándoles daño sin saberlo. Lo que sientes se reproduce en tu entorno, y cuando es permanente no hay forma de evitar que te conviertas en un pobre ser humano que renunció a ser feliz.*

"El materialismo está lleno de espejismo debido a pensamientos mal infundados que son creados por la imaginación".

La Familia

"Desde la creación estamos vinculados a la familia, por eso nos procreamos y cada vez somos más". Los hijos son el núcleo familiar que nos despierta para descubrir un mundo de responsabilidades, que nos causa tanta alegría, y que saca a flote todo el potencial que llevamos dentro para mostrárselo a nuestros descendientes. Debemos enseñar a nuestros progenitores a que sean auténticos en todo lo que emprendan en sus vidas. El amor que brindamos a la familia los motivará a que escuchen a su corazón, que es la única manera en que lograrán ser felices. *"Mantenemos una familia unida con amor y respeto mutuo, siendo solidarios tanto en los buenos como en los no tan buenos momentos".* Dedicarse tiempo y compartirlo todo en familia unifica y la fortalece. *"La familia funcional es la portadora de tu paz espiritual, tienes una base firme donde apoyarse, para enfocarte en todo lo que quieras lograr".* No quiere decir que si no tienes familia no puedas lograr nada, por el contrario, tú serás tu motivación. Siempre habrá alguien quien se convertirá en tu familia, no necesariamente tendrá lazos de sangre, pero a veces sucede que tu misma sangre no está presente y tienes que aferrarte a los amigos que elegiste para que sean la familia que deseas. La unión no es sólo tu pareja y los hijos, puede ser tú con alguien más que comparten el sentimiento del amor, y deciden estar siempre unidos para lo que suceda. Los hijos solidifican a la familia, y gracias a ellos nos esforzamos en mantener una familia estable. Para los hijos no solamente es necesario tener a sus padres juntos, sino que la falta de ellos, les causa un problema psicológico que algunas veces obstaculiza las metas impuestas en su vida. Como padres tenemos el deber de enseñar a nuestros

hijos a quererse y respetarse como hermanos, para cultivar los valores esenciales de la familia. Los padres debemos procurar el bienestar de los hijos, a cambio del milagro de tenerlos, hermosa motivación para cumplir nuestra misión en la tierra. Disfrutemos de ellos en familia enseñándoles a que sean felices. El concepto familiar es diverso, diría que cada familia es distinta, lo esencial es que tu entorno lo mantengas en unión de amor y respeto para cubrir tu necesidad existencial.

> *"Venimos al mundo a convivir en familia y a compartir como seres humanos".*

> *"Familia es la unión de la fuerza del amor con responsabilidad y lealtad".*

> *"La familia y los amigos son el entorno afectivo más importante que el hombre necesita para sentirse seguro y apoyado en la gran travesía llamada vida".*

Los cambios de la vida

"**Construimos nuestro mundo procurando la paz y armonía deseada, y trabajamos para cumplir con nuestras necesidades existenciales**". *En este proyecto llamado vida no contemplamos los cambios, queremos que todo sea como siempre fue, y no todos tenemos la capacidad de aceptar nuevos conceptos. Es parte del aprendizaje adaptarse a lo nuevo que va surgiendo en el camino de la vida. Hay algunos cambios que podemos negarnos a seguir, pero también habrán otros que definitivamente tendremos que acatar.* "**Los cambios en la vida ayudan a la renovación constante, a la evolución, y por consiguiente la superación; todo sucede por algo y tiene su conexión**". *Cada situación que ocurre en tu vida está ligada a otra que ya pasó o está por suceder. El poder de aceptación es uno de los más consistentes en el diario vivir. Los cambios son parte de la vida, las vivencias, las situaciones buenas y las no tan buenas. El amor no cambia, sólo se transforma, se protege por sí solo, a pesar de todos los cambios a su alrededor. En las parejas también los cambios afectan con el tiempo; la forma de expresarse no es igual que cuando una relación recién empieza; o quizás la pareja cree que ya no es necesario demostrarlo, sólo sentirlo. La vida cambia, el mundo cambia y todos cambiamos, lo importante es que siempre nos enfoquemos en hacerlo para mejorar. Para aceptar los cambios con madurez debemos tener nuestra mente abierta a todas las posibilidades de lo que pueda acontecer en la vida.*

El corazón y la razón

Es una lucha constante de supervivencia de los dos. "**El corazón y la razón te dominan, pero siempre uno quiere ganar tu voluntad, es como si tienes dos hijos que piensan y sienten diferente, pero tú eres el responsable de conducirlos hacia el camino correcto**". Para mantener un equilibrio entre los dos debes de ser imparcial, no mostrar preferencia por alguno de los dos. Analiza quién está siendo coherente para saber la verdad. El primero, es la mente que tocará tu sensibilidad con el fin de tratar de hacerte flaquear y cometer errores a través de ideas fantasiosas, haciéndote creer que son verdaderas. Tu eres el alma, que es el mediador de toda tu existencia, lo real. El otro, es tu corazón, pura esencia divina llena de amor, en un nivel muy alto y lejos de la maldad. Con el corazón y la razón siempre será muy difícil mantener el equilibrio emocional. La experiencia y la sabiduría serán suficientes para poner todo en su lugar. Aprenderás a distinguir las cosas reales, lo que realmente es, y cómo se siente. Renunciar a lo irreal, lo que se inventa. Esto es una lucha constante que debemos ser capaces de manejar.

> "**El corazón y la razón manejan los hilos de tu vida, depende de tu coherencia y sentido común decidir por cuál de los dos te dejas llevar**".

Convivir con los demás

Nuestra convivencia con los demás debería ser muy flexible para sentirnos bien con nosotros mismos. Como seres independientes, cada quien vive en su mundo, no todos aprendimos a convivir con los demás. **"Debemos cambiar y ser mejores, tener la voluntad de llevarnos como hermanos de la tierra donde nacimos, y a dónde volveremos al final de nuestros días".** *No nos preocupemos tanto por el futuro, porque estamos de paso, y en este corto transcurso de tiempo, no vamos a desperdiciar la vida preocupándonos por lo desconocido. Debemos aprender a convivir con los demás siendo HUMANOS.* **"Para convivir con los demás hay que pensar que las acciones de cada persona son respetables, y aceptar a cada quien con sus defectos y virtudes".** *Debemos equilibrar las situaciones que se puedan presentar en el momento de compartir o convivir con alguien. La empatía es el comportamiento adecuado para poder manejar con equilibrio la convivencia con los demás, teniendo presente que todos somos y tenemos comportamientos diferentes, y necesariamente no estamos obligados a agradarnos o identificarnos, solamente debemos respetarnos. Esto no significa que vamos a dejar que cada quien haga lo que quiera con su vida, ni con la nuestra. Seamos solidarios para ayudar como parte de la convivencia que dignifica a los seres humanos y permitamos que nos ayuden si fuera necesario. Para convivir en armonía con los demás, el respeto, la educación y cortesía mantienen el buen entendimiento entre todos.*

El bienestar de olvidar y perdonar

"Debemos olvidar todo lo que nos lastima y nos hace sentir infelices". Entendemos que los acontecimientos que nos suceden son parte de la vida. Las situaciones negativas imposibles de cambiarlas a positivo hay que aceptarlas y seguir adelante. "Todo fluye naturalmente y nada dura para siempre, ya sea lo bueno o lo malo, sucede o se transforma". Hay situaciones en nuestras vidas que nos tienen atados al pasado, que nos roban el sueño y las ganas de vivir, definitivamente son energías negativas, que corrompen las buenas energías. "El olvido es la transformación de un sentimiento que se convierte en un acontecimiento que ya pasó, dejando un gran aprendizaje, ya sea positivo o negativo". Dicen que los golpes de la vida enseñan, aprendes a vivir, a darte cuenta de que las apariencias engañan, y que lo que tu creíste real, en realidad fue solo un espejismo. Es necesario buscar dentro para entrar en ese mundo real donde no puedes ser lastimado. En el mundo espiritual nadie puede juzgar las actitudes de los demás, cada quien tiene sus motivos, y si las consecuencias te afectan, es porque tu lo permitiste, el otro puede que ni siquiera sepa que te lastimó, quizá no fue su intención, pero fluyó de tal manera que te confundiste. "Imaginémonos que cada tristeza que tengamos es el equilibrio por las alegrías vividas". Está en tus manos no permitirlo, tú eres el dueño de tu vida y decides si quieres sufrir o ser feliz.

PARTE II

El Mundo Espiritual

La Espiritualidad

"La espiritualidad es la base firme para encontrarnos y conocernos tal cual somos, auténticos, reales, motivados por nuestro corazón, que guarda silencioso todo ese amor". El mundo está afligido, desgastado, abandonado, y nosotros somos los únicos responsables. La conciencia individual debe expandirse abriendo nuestra mente a lo positivo. El ser humano necesita tomar control de sus pensamientos, sin dejarse dominar por la mente que no es pura ni real. La espiritualidad necesita al hombre para mostrarle las maravillas del mundo interior. No decidimos ser espirituales, nacemos con espíritu, lo llevamos dentro en nuestra alma, no te vuelves espiritual de la noche a la mañana. Lo material no tiene valor en el mundo espiritual. Una persona espiritual es la que escucha los dictados de su corazón, la que cuida celosamente su alma, la aparta del mundo exterior, y nunca siente temor. Las opiniones del mundo son demasiado débiles para atormentar la mente, y el corazón. Las personas espirituales, tienen la capacidad de mantenerse en calma ante cualquier situación adversa, porque existe la certeza de que todo tiene su ciclo. La espiritualidad te brinda la paz para afrontar lo adverso de una manera positiva.

"Tu mundo espiritual está lleno de luz, podrías iluminar el mundo con tu propia luz, nunca vivas en el pasado, no mires hacia atrás, porque el camino está en el presente, haz lo que quieras de ahora en adelante".

"Cultiva tu espíritu, dale lo que necesita para mantenerlo en calma ante cualquier situación difícil de resolver".

"Personifica tu alma, sé auténtico".

La Ley de Atracción

"Es la capacidad mental que tenemos para proyectarnos en atraer las cosas que realmente queremos en nuestra vida". Necesitamos creer en nosotros para crear lo que queremos. Si tenemos la convicción desde el fondo del alma, todo lo que deseamos será como lo visualizamos. Nuestra energía positiva es un poder de atracción a todo lo que nos aporta alegrías. Resulta que cuando tenemos miedo, creamos un desajuste emocional que terminamos cayendo en ese pensamiento de negatividad que nos bloquea el camino. Es claro también, que si visualizamos en atraer solo las cosas materiales sin un fondo espiritual, no nos garantiza una satisfacción verdadera, ni duradera. Pero si reflexionamos, sentimos, y percibimos quienes somos sin pensar en posesiones, podemos entrar en todo lo que surge y nos hace crecer espiritualmente en el universo de luz.

> *"La ley de atracción te acerca a lo que deseas con el corazón, está ligada a la buena actitud, y si la proyectas se materializa, ya que lo positivo atrae lo positivo".*

> *"La felicidad la tienes a tu alcance en esa luz que es el secreto divino para los seres humanos, que será revelada a los que tengan la convicción y estén dispuestos a crear su propio mundo".*

El Equilibrio Emocional

"El equilibrio emocional es la respuesta o actitud adecuada que un ser humano brinda hacia su entorno". Sabemos que lo más importante que tenemos es nuestra propia vida, por eso agradecemos al creador por el aire que respiramos, la luz del nuevo día, el amor, la familia, el trabajo, el techo que nos cobija, los amigos etc.. Son grandes realidades que muchas veces no las percibimos, porque no profundizamos y nos complicamos en las cosas simples de resolver. Todo cae por su propio peso, dejemos que fluya de forma natural sin estancarnos en los problemas, así nos desprendemos de lo que nos lastima. No acumules dolor que lastima tu corazón. Si te sucede lo inevitable, es porque ya llegó a su límite y no puedes hacer nada más que aceptarlo. Nada se arregla con afligirte y sufrir, lo que pasó, ya pasó, enfócate en resurgir, porque la vida es una constante renovación, así crecemos espiritualmente. Es sano renovarse, mejorar tus actitudes hacia la vida, agradecer lo vivido y el aprendizaje adquirido. Esto no significa que no te dolerá, por supuesto, pero será pasajero. Busca la luz espiritual para que puedas alumbrar la oscuridad en que estás, causada por el dolor. Encuentra el lado positivo a todo, déjate llevar por el sentido común, separando lo real de lo irreal, aceptando los inconvenientes con fortaleza, y agradeciendo lo bueno que te suceda. Para mantenerte en equilibrio emocional piensa que tus pensamientos no tienen conexión con el de los demás, por lo tanto, no imagines lo que no sabes, al final siempre habrá una explicación real. No te atormentes pensando en lo que no pudo ser, mejor recuerda lo feliz que fuiste mientras duró. Existen personas que no han tenido la suerte de vivir momentos felices, por eso agradezcamos la alegría que la vida nos brinda

por fugaz que sea. Todos los momentos vividos y compartidos son aquellos acumulados, que se suman a nuestro libro de la vida. No debemos atormentarnos por lo que no hemos vivido, mejor disfrutemos de lo que estamos viviendo.

"Las personas pasan por nuestra vida como pasajeros en el camino, unas siguen con nosotros, otras se quedan y la mayoría se van para siempre, pero todas dejan su huella y una lección aprendida".

"Tu esencia es la fuerza interior que te brinda la calma que lo convierte en el equilibrio emocional hacia tu verdadera felicidad".

Connie C. Torres

Encontrarse a sí mismo

"Para encontrarse a sí mismo, lo primero es tomar la decisión de renunciar al mundo exterior, a realizarte como ser humano enfocado en tu alma y tu corazón". No es tan sencillo, si has vivido atrapado en lo material, ese es un mundo que absorbe y difícilmente se sale de él. El mundo exterior te alucina con sus luces de colores y fantasías que tu mente ha creado, y te ha hecho pensar que puedes ser feliz en lo irreal, falso y pasajero. Al final siempre existirá un vacío que no llenará esas cosas materiales. La riqueza más grande es el amor en tu corazón, que te hará sentir capaz de enfrentarte a todos los retos que la vida te ponga. El amor es el bálsamo para suavizar esta vida terrenal que nos aturde y que quisiéramos cambiar; que muchas veces nos hace sentir impotentes, al no poder llegar a los corazones de las gentes insensibles que comercializan con sus propias vidas en el mundo material. Nuestra verdad es el alma que cuando despierte pedirá ser descubierta. Cuando encuentras tu esencia tu mundo es más simple y aprendes a ser feliz.

> *"Tu corazón es el motor de tu vida que te hace sentir, y vivir en todo su esplendor con mucha intensidad".*

> *"La vida interior es la que define tu sentir, la capacidad que tienes para dar, aceptar, entender, perdonar y olvidar".*

> *"Para saber lo que es el amor, tendrás primero que conocerte a ti mismo, encontrarte, para poder dar y reflejar lo que eres."*

El Poder de Aceptación

"Una de las situaciones más difíciles en la vida es aceptar todo lo que nos sucede con serenidad". "No somos conscientes que estamos de paso por esta vida llena de situaciones difíciles, y que lo que nos afecta, también nos favorece en aprendizaje y en crecimiento personal". Lo que nos hace infelices es nuestra mente, si te pones a pensar le darás rienda a la desesperación. *"El poder de aceptación consiste en calmarte y darle crédito a los latidos del corazón".* En cuestión de pareja no necesitas que te digan que no te quieren para confirmar un sentimiento no fluido, basta con lo que siente y transmite tu corazón. Es obvio que si tu pareja te quiere lo vas a sentir, y lo notaras en todos sus actos, porque siempre estará dispuesto a cuidar tus sentimientos. Entonces es cuando debemos aceptar las cosas como vienen, porque sufrir, llorar, o querer morir no cambiará la situación. Pensemos que todo pasa y evoluciona, hasta el amor que nunca muere, solo se transforma y cambia de lugar. El amor busca amor, y si el desamor lo ataca él se defenderá e irá a la búsqueda de su verdad.

> *"El poder de aceptación es la prueba de tu crecimiento espiritual para mantenerte en equilibrio emocional".*

> *"La vida será más suave y fácil en este nivel de vida, se necesita tener madurez y sabiduría para poner todo en su respectivo lugar".*

> *"El poder de aceptación te ayuda a entender que las cosas que no puedes cambiar debes dejarlas fluir".*

Bases firmes para el crecimiento espiritual

Tu crecimiento espiritual empieza a tener base firme cuando:

1. *Entendiste que eres responsable de tu felicidad, y solo depende de ti, quien conoce sus necesidades;*
2. *Eres capaz de mantener el equilibrio emocional con la ayuda del poder de aceptación ante cualquier situación adversa;*
3. *Tu mundo espiritual empieza a florecer, todo lo material se devalúa ante tus ojos;*
4. *Cuidas tus afectos, porque es lo más real que existe;*
5. *Te preocupas por el bienestar de los demás;*
6. *Te sientes diferente porque nadie te entiende;*
7. *La libertad se apodera de tu mente;*
8. *Tus convicciones son certezas;*
9. *El amor y tus emociones están en equilibrio; y*
10. *Estás en un nivel donde nada, ni nadie te puede alcanzar, ni tocar, ni dañar, y mucho menos lastimar.*

Reflexionar

"Reflexionar es hacer un análisis de las emociones, enfocando los sentimientos". Partimos de situaciones que nos han dejado en cierto modo inconforme, entonces nos damos la oportunidad de rectificar, enfocando las energías en forma positiva y precisa. *"La reflexión es parte del crecimiento espiritual que te lleva a la realización de nuevas facetas, en torno a lo que esperas de la vida".* La vida es una constante reflexión, el diario vivir precisa de eso, pero casi siempre, no nos tomamos el tiempo para analizar nuestros actos. Es necesario calmarnos por un momento y sentarnos a analizar el rumbo que está llevando nuestras vidas. Vivimos como si fuéramos en un maratón, en el cual seguimos sin parar como si la vida pareciera una competencia para ganar. Sin reflexión, tu vida estará vacía, llenándola solo con cosas irreales, lo más triste, sin ni siquiera saber qué es lo real, porque muchos no se han descubierto. Aprendemos a amar lo real cuando buscamos las respuestas en el corazón, y ya no nos interesa vivir de espejismos, ni engañarnos a nosotros mismos viviendo una realidad que es una mentira. Préstale atención al sentido común, cuando sientas que no estás manejando tu vida de una forma equilibrada, es cuando ha llegado el momento de la reflexión, de revisar una a una tus acciones, todas las situaciones que has tenido que resolver últimamente, que te han llenado de dudas y sólo has conseguido confundirte más. No pierdas la oportunidad de vivir en paz, esa calma que te brinda el saber, que aunque el mundo a tu alrededor se torne gris, tu luz resplandece, se esparce y te sientes capaz de cambiar lo que está mal. El amor propio es el primer amor de tu vida

que sientes, el mismo que brindas a los demás transformado en sentimiento del corazón hacia tu pareja, familia y amigos; es la fuerza más grande para enfrentar las adversidades. Vive el amor real, siéntelo y compártelo con tus semejantes.

El final existencial

Es el único enigma de toda la humanidad que nadie nos puede explicar. Nunca sabremos el concepto preciso de la muerte, porque nadie se murió y volvió a vivir para contarnos. Entonces es inexplicable y sin explorar. Lo que quisiéramos descubrir es el concepto virtual a lo indescriptible. **"La muerte es el único fenómeno del universo que no ha podido ser conocido a profundidad por la ciencia y el hombre. Todo ha sido explorado, analizado, descubierto y hasta creado, pero no han podido con este enigma".** *La muerte se conserva intacta y pura al conocimiento de la humanidad, no han podido llegar a su verdad.* **"El hombre lo ha contaminado todo y sólo la muerte permanece aún firme".** *Lo que todos sabemos es que nos vamos a morir, lo que no conocemos es la fecha de expiración, lo que la convierte en única en suceso. La muerte vamos a experimentarla todos el día de nuestro final. Preparémonos espiritualmente para cuando llegue ese momento para estar listos emocionalmente en ese encuentro. Para que la muerte no nos sorprenda llenos de odios y rencores, vivamos el día a día desbordando amor, perdonando a los que nos fallen y respetando los ideales de los demás. Dicen que la muerte es la puerta de entrada a una nueva vida. La psicología nos ha explicado que el nacimiento en cuanto suceso individual, irreversible y traumático se parece bastante a la muerte. El día del final existencial nos mantendrá esperándola. Si analizamos desde otro punto de vista, puede ser que la muerte no sea el final, sino el principio de una mejor vida. Todos tenemos algo que hacer aquí para después partir.* **"Procuremos vivir en paz con nuestra conciencia, porque es un buen método de medir nuestras acciones en favor de nuestra felicidad sin** *dañar a nuestro entorno".* Las decisiones de nuestra vida hay que pensarlas con el corazón antes de ponerlas en función. **"No vayamos por el mundo, creyendo que somos perfectos, es el error humano más común que ha causado tanta infelicidad en el mundo".** Reconozcamos nuestros errores, porque nuestra vida se va construyendo mediante los errores que cometemos. En el camino vamos aprendiendo y con la madurez vamos transformando los inconvenientes en sabiduría. El encuentro con la muerte no te brinda tregua, llega de repente, y toda la felicidad que no viviste te la perdiste.

El Egoísmo

El egoísmo es un comportamiento aprendido, creado con actitudes equivocadas que echan raíces en el corazón y corrompen el alma. Lamentablemente son muchos factores los que contribuyen a reforzar y mantener un estilo de vida egoísta que destruye almas. El ideal del egoísta es el apego, mientras más tiene, más quiere poseer. Son personas sin valores, dignas de lástima, lo único que tienen son bienes materiales acumulados que nunca compartirán con nadie. Las personas apegadas a lo material no saben de amor y bondad, sólo creen en la posesión; no se preocupan por las necesidades de los demás, porque su enfoque está en otra dimensión, donde apunta su avaricia y la necesidad de complacerse sin límites, ni valores. La buena noticia es que la vida siempre te ofrece un nuevo día para cambiar, y convertirte en una mejor persona. Lo difícil es tomar la decisión, la ventaja de ser egoísta es que no es una adicción, sino un patrón de vida mal fundado que se puede revertir. El sentimiento de tu corazón te brinda la garantía de lograr ese milagro, de volver a nacer, de ser una nueva persona en ti mismo, convirtiendo lo negativo en positivo, por medio de un proceso maravilloso y divino que te dará la gran sorpresa.

> **"El egoísmo no conoce el significado de la palabra compartir o brindar." "El egoísta con su avaricia vive en la soledad, sin afectos, y sin ningún sentimiento puro que le brinde regocijo".**

> **"El egoísmo te aparta del mundo de la felicidad, y te conviertes en una máquina para coleccionar materia". "La pobreza de un egoísta es creerse que lo tiene todo, cuando en realidad no tiene nada más que materia acumulada".**

La inconsciencia humana

¡Vivimos en una distracción total! La ciencia y la tecnología tienen al mundo entero puesto los ojos en su sorprendente avance, en las maravillas creadas. Mientras pasa el tiempo y la vida también, las personas van dejando en un rincón su esencia. La humanidad no es consciente de la realidad existencial. Pocos se preocupan en buscar la verdad para saber el objetivo de sus vidas. No se dan cuenta de lo que está sucediendo a su alrededor, porque así como las cosas positivas fluyen, también lo negativo fluye si tú lo permites. Consciente o inconsciente si vives en el materialismo, tu vida estará a ese alcance y a ese nivel. La distracción, te hace creer que lo material es lo mejor, cuando en realidad lo sencillo es lo que te proporcionará alegrías internas. Lo que necesitamos es estar en comunión alma y corazón, solamente si no permitimos que la mente nos distraiga con pensamientos negativos. **"Siendo positivos lograremos tener una conciencia humana, en la que todo lo que hagamos siempre será para nuestra felicidad sin afectar a los demás"**. Ser responsable es un buen comportamiento para poder realizarnos como seres humanos, y también en el ámbito profesional en esta sociedad, en base a la educación, y a todos los conceptos existenciales.

> **"Para no sufrir decepciones, no esperemos nada de nadie, dejemos que la vida nos sorprenda con todo lo que nos ofrece, sea positivo o negativo; quedémonos con lo bueno y desechemos lo malo. Es una forma de sobrevivir y entender este mundo material".**

"Todo lo que hagamos en base a nuestros valores siempre estará bien hecho, y habremos elegido el camino correcto, aunque los resultados no sean los que nosotros esperamos".

Renunciemos al pecado

Jorge Luis Borges, en una de sus obras dijo que su pecado fue "no ser feliz". Reflexionemos en nuestro interior sobre nuestra vida existencial, para encontrar esa felicidad anhelada. **"El descuido de no creer en sí mismo, te puede llevar a cometer el gran pecado de no prestar atención a tus necesidades del alma"**. Creemos que pecamos cuando hacemos daño a otros, pero nunca cuando nos hacemos daño a nosotros mismos. Es una inconsciencia humana motivo de tanta infelicidad en el mundo. Conscientemente nadie sería capaz de descuidar el camino hacia su felicidad. Lastimosamente las personas se distraen por el estilo de vida que llevan. Renunciemos al pecado de ser infeliz, la vida es ahora y hay que vivirla con lo que nos ofrece. Está en nosotros saber percibir sus mensajes divinos, y arriesgarnos porque la vida en sí, es un riesgo que vale la pena. **"Sé protagonista de tu propia historia, a tu estilo, pero nunca pretendas compararte con alguien, ni siquiera parecerte. Es normal admirar y apreciar las actitudes de otros, pero nunca trates de imitar porque pierdes tu autenticidad"**. **"Ser auténtico es la única manera de descubrir tus capacidades y saber realmente quien eres"**. Es esencial ser tú mismo, eso levanta tu autoestima, porque las personas que imitan a otras o desean lo que otras personas son o poseen; sólo serían una copia de otro ser humano. El vivir la vida como individuos, sin atarnos a nada, ni a nadie, nos hace renunciar al pecado de ser infelices por decisión propia.

La Meditación

"Meditar es desconectarte del mundo externo para entrar a tu mundo de luz, donde está la paz y armonía que brinda el equilibrio emocional". La meditación simplifica nuestra vida externa y brinda energía interna de una forma natural y tranquila. La ciencia ha logrado maravillas, pero el alcance de su visión es limitado en comparación con el mundo espiritual. Hay otro mundo más allá lleno de misterios ocultos. La ciencia no tiene acceso a este mundo para resolver sus misterios; existe la impotencia de la ciencia de poder llegar a conocer el secreto. Una persona espiritual, con su visión interna, puede penetrar en estos mundos y reconocer sus beneficios; un auténtico idealista que no construye castillos en el aire, sino más bien, tiene los pies firmemente plantados en la tierra. La verdad en su aspecto externo es sinceridad, veracidad e integridad. La meditación te brinda paz y armonía, no consiste en tener una quietud pasiva, sino en darnos cuenta cuando estamos cerca de la fuente de la creación y de la nuestra. La meditación reconoce tus valores, tu esencia, lo que eres, lo que quieres proyectar a los demás, como quieres que el mundo te vea, con los ojos de la luz y la veracidad; es una constante renovación emocional en equilibrio. La distracción te quita la paz, por lo tanto, perdemos de vista el objetivo de armonizar nuestra vida. El camino de la meditación ayuda a confrontar lo irreal, el miedo, la fantasía y la ilusión y sobre pasarlas al otro lado dónde encontramos la paz y la tranquilidad. Es un camino que te abre las puertas a todas las posibilidades para ser feliz, porque eres tú el que decidirá.

"Sólo la verdad vencerá ante toda adversidad, la mentira no tiene poder absoluto, es muy débil a su alcance".

"Lograr calmar la mente, es tener el control de tus pensamientos y dejar fluir al sentimiento".

Consejos para meditar:

1. *Elige un lugar sagrado, privado y tranquilo de tu casa;*
2. *Coloca incienso, velas y flores, eso inspira y purifica tu entorno interior;*
3. *Siéntate quieto y en silencio. Debemos descargar nuestras tensiones para así poder entrar a nuestro mundo interior;*
4. *Relájate, concéntrate y respira: La respiración debe ser adecuada. Cuando inhales sentirás que estás respirando energía cósmica. Cuando exhales estarás expulsando la basura de tu interior, todo los pensamientos no divinos, ideas oscuras y acciones impuras; y*
5. *Mantén el equilibrio en todo el proceso.*

El Karma

Se dice que es como el aliento, lo traes contigo en tus pensamientos. El karma tiene mucho que ver con mantener buena salud, tanto física como mental para mostrarla en el mundo espiritual. **"Según como sean tus hábitos, buenos o malos será el karma que cargues. Las personas que tienen luz en su alma están llenas de buenos pensamientos y actitudes reales; su karma puede ser limpio y puro"**. Si tu karma no ha sido purificado. tu mente puede transformar tu karma de positivo a negativo. Sin embargo, si lo purificas con buenas acciones y pensamientos positivos tu karma podrá alcanzar la armonía a un alto nivel espiritual. Cargas de karmas ajenos hacen que tu vida se sienta más pesada, difícil de llevar, muchas veces sin darnos cuenta llevamos el karma de otra u otras personas. Al involucrarnos en el mundo ajeno, creemos que sus problemas son los nuestros, lo sufrimos todo, nos desesperamos y nos crea un desequilibrio emocional que acaba con nuestra paz. La meditación ayuda a purificar el karma, hay muchas maneras de conseguirlo. Mientras sepamos quiénes somos en realidad, nuestro karma encontrará el equilibrio emocional para desarrollarnos como seres humanos. Mantener la calma es parte del ejercicio emocional de involucrarnos en nuestro interior.

La espiritualidad y la ciencia

Al comparar la espiritualidad y la ciencia, no existe ninguna conexión entre sí. No podemos ni siquiera encontrar un rasgo de atracción entre ellas. El creador es primordial en el mundo de la espiritualidad. La ciencia ofrece al hombre todas sus necesidades prácticas para desenvolverse en el mundo exterior. **"La espiritualidad le revela al hombre el sentido de su vida y el significado de su existencia en la tierra, pero la ciencia depende del experimento externo".** La espiritualidad depende de la exploración y la búsqueda interna. Un científico descubre el poder que muy a menudo amenaza e incluso su propia vida. Un buscador espiritual descubre el poder que guía y moldea su vida hacia una vida de plenitud divina y real. La relación entre la ciencia y la espiritualidad debería ser de aceptación mutua y entendimiento verdadero. Es una insensatez por nuestra parte esperar la misma verdad, el mismo conocimiento, el mismo poder de ambas, ciencia y espiritualidad. Tampoco debemos establecer la misma meta para la ciencia que para la espiritualidad.

> **"El hombre apegado a la materia queda prisionero de la ambición. El producto de la ambición siempre es el dolor".**

> **"No hay verdad más real que un corazón puro, sin maldad y sin miedos, abierto a entregarse siempre en su divinidad".**

La Sabiduría

Los grandes sabios de la historia son estereotipos encasillados en gentes intelectuales con grandes capacidades y bien instruidos, con conocimientos profundos en todos los aspectos de la vida. Los conocedores siempre tienen las respuestas a todas nuestras interrogantes, que se desarrollan de una manera coherente, con sentido común para equilibrar emociones y sentimientos. **"Ser sabio es una virtud, no nacemos sabios, todos los seres humanos podemos desarrollar la capacidad de entendimiento a esas profundidades".** Es sólo cuestión de descubrirte, de indagar en tu propio yo, preparar tu espíritu para canalizar lo profundo, lo secreto, lo nunca antes descubierto siendo tú mismo. Llegado el momento tendrás la sabiduría para distinguir lo real de lo irreal, lo que necesitas en la vida. Entonces se acabarán las incertidumbres y no habrá motivo para preocuparse. **"Si estás en paz contigo mismo, eres un sabio, descubriste la forma de hacerte feliz, eso es tener sabiduría".** Las cosas simples de la vida, requieren sabiduría, es muy común tener situaciones difíciles de resolver, nos llenamos de estrés, nos contrariamos al querer resolverlas, en vez de calmarnos y meditar. Es de sabios reflexionar antes de tomar cualquier decisión que afecte nuestra vida personal, y por consiguiente nuestra salud. Seamos sabios de nuestras vidas y de nuestro destino, no claudiquemos ante la más mínima tentación de descontrol que causen un desequilibrio emocional, aprendamos más cada día.

> **"Lo que tiene que pasar es inevitable, y pasará como parte del aprendizaje hacia una constante renovación".**

Construye tu propio mundo

Empieza a construir tu propio mundo, el que supere a tu imaginación, lo más maravilloso que quieras para tu vida, sin limitaciones. Construye tu mundo espiritual en bases firmes para sostener tu propia felicidad, partiendo de tu corazón que vive en tu alma. Con tu mente creas la ilusión y la fantasía que no es real. Los niños en su inocencia, crean, construyen e imaginan ese mundo que los hace felices, y que nosotros los adultos contribuimos en cierta forma porque sabemos que es transitorio, ya que ellos pasan por etapas que son muy cortas. Las personas espirituales, vivimos más las cosas reales, lo que aporta la verdad, lo que se siente y no sólo lo que ven tus ojos, ni lo que dicen las palabras. No debemos crear nuestro mundo con la mente, ya que no tiene base firme y es confusa. La mente nos lleva a la desilusión al comprobar que nos equivocamos, que no era lo que imaginamos, ni como deseamos. He aquí la causa de tantos fracasos en las relaciones de pareja, porque nos ilusionamos fácilmente, y la ilusión no es real, pensamos por el otro y erramos en la realidad. Cuando se trata de sentimientos creemos que la otra persona está sintiendo lo mismo y que los sentimientos son compartidos, pero al final descubrimos que solo estaba en nuestra imaginación. Lo mismo pasa en las relaciones con los familiares o amistades, es el mismo patrón sólo diferente situación y diferente sentimiento. Construir tu mundo espiritual es mucho más sencillo como individuo-alma-corazón, teniendo la certeza de saber que se está siguiendo los mensajes del corazón que te da la fuerza y sabiduría para poner todo en su respectivo lugar. "Construir tu propio mundo te llevará a confiar más en ti, en tu sentido común, a levantar tu autoestima, a saber que eres auténtico, real, capaz y fuerte a enfrentarlo todo en calma y con sabiduría".

"Confía en los latidos de tu corazón, cada latido es un mensaje de amor, cada mensaje de amor es una esperanza, cada esperanza es la luz que alumbrará el camino de la verdad, tu verdad que es tu propia realidad".

Espiritual y humano

*La espiritualidad une a la humanidad, puedes ser espiritual y humano porque unidos son una maravillosa conjunción. «La **espiritualidad ofrece al ser humano, ser auténtico porque le muestra su esencia tal cual es".** El humano agradece a la espiritualidad por ayudarle a encontrar el camino y el sentido a su vida. "**Siendo espiritual empiezas por querer conocerte, entrar en tu alma, dejar que tu corazón hable y decida por ti. Comienzan a despegarse de lo material, a reflexionar y a meditar".** En un nivel más alto, aprendes a mantener el equilibrio emocional, sabes que todo tiene que estar en su lugar, donde corresponde, sin desesperarte, ni sufrir; donde nadie te puede tocar, ni ofender; lo negativo se convierte en positivo a tu alcance, y sólo existe la paz y la divinidad en un nivel de mucha sabiduría. Es difícil conectarse con las personas, cuando no son espirituales, siempre habrá algo que no encaja por más que trates de integrarte para armonizar, siempre te sentirás diferente. Lo bueno es que las personas espirituales son capaces de respetar el comportamiento y estilo de vida de los demás. Para una persona segura de sí misma no resulta incómodo compartir con quien no tenga un nivel espiritual.*

> "**Quería cambiar al mundo, pero descubrí que solo podía cambiar mi mundo y mi entorno".**

> "**El ser humano-espiritual se enfoca en dejar que todo fluya con naturalidad sin desesperarse, toma las riendas de su vida, y coloca todo en su lugar en pleno equilibrio".**

La sensibilidad del corazón

"La sensibilidad es la debilidad del corazón, si te toca el punto débil éste se entregará sin medida ni control, porque el corazón no piensa, solo siente, pero no todos los corazones tienen la sensibilidad extrema". El corazón débil es el que fácilmente logra ser lastimado, la fortaleza del mismo es la que te hace llevar la vida mucho más equilibrada. El corazón se fortalece a través de las vivencias, o sea del crecimiento emocional; cuando has pasado por muchas situaciones difíciles, donde has tenido la sabiduría de poner las cosas en su lugar para salir adelante sin mirar hacia atrás. El corazón puede estar lleno de sentimientos, puede desbordarse de amor y no te lastima, por el contrario, sentir amor te convierte en un ser extraordinario. Los momentos que viviste quedarán grabados en la historia de tu vida, pase lo que pase, nadie te los quitará, fueron momentos que viviste, y serán tus recuerdos hasta el fin de tus días. La mente es la que trastorna al corazón, te recuerda lo negativo para lastimarte. Entonces, debes de ignorar sus mensajes y canalizar tus energías en todo lo positivo. Tu corazón merece la atención que le puedas brindar, sin distraerte en las cosas del mundo exterior, crea tu propio mundo, en tu corazón está tu verdad.

Vivir en paz

La paz está en nuestro interior, en el corazón que se alimenta de nuestra alma. **"Al reflexionar entiendes que eres el único que maneja tus pensamientos y sentimientos, por lo tanto, es irónico pensar que no tienes paz cuando en realidad vives con ella"**. Busca por dentro para sentir la paz, no pienses, solo siente, no hables, no comentes, solo medita en tu corazón, la encontrarás fácilmente. A la paz no le gusta el ruido, las palabras, y el alboroto de la gente. Se esconde si nota que estás inquieto, pensando cosas que no debes. Cuando la paz sienta que estás relajado y lleno de amor, es entonces cuando sentirás la calma. Practica un poco de yoga y verás los resultados. Los problemas tienen solución, y los que no lo tienen, esa es la respuesta al problema, no hay nada que hacer. **"Cada acontecimiento que sucede es una vivencia que deja aprendizaje para obtener sabiduría, mientras más vivimos, más aprendemos"**. La serenidad es una virtud de los sabios, seamos sabios de nuestra propia vida, entendamos que somos humanos en un mundo imperfecto. Nos toca vivir a nuestra manera, según el alcance que tengan nuestros ideales. ¿Por qué crees que en el mundo no existe la paz? La respuesta está a la luz del día, en todo lo que sucede en el mundo. La humanidad está desordenada, preocupada en lo mundano, conflictos, guerras de poderes, burocracia, conveniencia económica, etc., etc.. Siempre ha sido así, los cambios prometidos por los que tienen el poder de cambiarlo todo, para vivir en un mundo mejor no se ha visto nunca. **"La paz se asustó, está escondida, observándonos por los rincones, rogando que cambiemos y seamos mejores para volver y permanecer con nosotros hasta el final de nuestros**

días". Solamente la verdad, el amor y la calma la harían volver, no depende de unos pocos, es misión de todos los seres humanos, sin raza, sin nación, sin condición social, *"VAMOS MUNDO".* Que lindo creer en el milagro, creamos todos, unámonos de una vez por todas, es la única solución para poder vivir en un mundo mejor.

Dejar fluir

"Dejar fluir es permitir que todo caiga por su propio peso, enfocar nuestras energías en lo positivo y caminar por la vida sin preocuparnos tanto, ni desesperarnos porque las cosas no suceden como nosotros queremos". Equilibrar las emociones es la clave de la sabiduría para vivir mejor y tranquilo. Dejemos que la vida nos sorprenda con su predominante fluir. Para que todo fluya como tiene que ser no podemos poner obstáculos, me refiero a no interferir en lo que tiene que suceder. Un ejemplo, son los casos de las parejas que terminan una relación, porque a su pareja se le transformó el amor, cambió de lugar, y contrario a la realidad deseas e intentas desesperadamente que vuelva a estar latente como antes, luchas para poder salvar una relación que ya no fluye. Ninguna justificación es aceptable para querer mantener una relación infeliz. Hay que despedirse del pasado, y empezar de nuevo con todo el amor propio que es característica humana y te conduce hacia tu verdadera felicidad. Para ser infeliz no das nada, ni apuestas nada, pero para ser feliz lo das todo y lo apuestas todo, me refiero al AMOR. Hay que ser aliado del tiempo, él se encargará junto con las energías cósmicas y la voluntad divina de borrar las huellas de cualquier dolor que tuviste que padecer y que se transformaron en solo un recuerdo más.

"Construye tu mundo de felicidad con momentos de alegría, transformando lo negativo en positivo, mientras la vida te enseña a sentirte feliz a pesar de las circunstancias".

El mundo actual

Todo ha cambiado y sigue cambiando, nosotros nos renovamos, la ciencia avanza, la tecnología hace de las suyas, la historia añade más páginas al libro de la vida, nada es como antes, ni será como ahora. *"Las perspectivas futuristas del ser humano son imprecisas porque no hay garantías, nada, ni nadie puede ofrecer seguridad, porque no existe, todos somos visitantes del mundo".* Somos seres de paso, con una misión por cumplir, pero el hombre se ha integrado al mundo exterior y acoplado con gran facilidad, porque ese es un mundo fácil, que atrapa a todo aquel que le interesa satisfacer sus deseos, sin reflexionar en las consecuencias que repercuten a la vida existencial. *"No podemos cambiar al mundo, ya lo han intentado algunos, y nadie lo ha logrado, sus voces no se han escuchado, no les quedó más remedio que cambiar ellos, y aceptar lo que no se puede cambiar".* Si eres espiritual, comprenderás que todo lo que sucede tiene su razón de ser, que si luchamos por algo que queremos y no resulta, es porque no fluyó. Busquemos el sentido de la vida en este mundo, aunque no sea el mundo que idealizamos. Pongamos el corazón al servicio de todos, pero callado y quieto, para que te permita equilibrar tus emociones. En estos tiempos de desorden total, la importancia de equilibrarnos es necesaria para estar en armonía con nuestro interior, sin sentir esa incertidumbre que existe en la sociedad en que vivimos. La vida es un aprendizaje, a veces nos lastima y aprendemos del dolor, otras veces nos brinda alegrías para contagiarnos de amor, sentimiento que la humanidad necesita para salvarnos del mal. Los intereses en el mundo material han hecho que el hombre pierda su esencia, y se transforme en máquinas de destrucción en contra de sí mismo. Desconocen el sentir de la paz en el corazón.

La Pandemia 2020-2021

La pandemia tiene enfocada la atención del mundo entero, con el Coronavirus, Covid-19, identificado por primera vez en Wuhan, China-2019. Un virus que ha conmocionado al planeta causando un desbalance social, económico y político que después de más de un año, todavía no se puede decir adiós a esa catástrofe mundial. El Covid-19 se ha esparcido para contagiar a gran parte de la humanidad, matando a muchos, otros con suerte han podido recuperarse después de contagiarse pero la mayoría han sufrido la angustia de vivir con el temor, con la única esperanza de la vacuna contra el virus. La humanidad ha vivido la pandemia en varias épocas anteriores. Para los que no habíamos nacido aún, es la primera vez que estamos sufriendo, y expuestos a esta calamidad. Todos hemos sido afectados en algunos aspectos, tanto en lo emocional como en la parte económica, debido a las pérdidas de seres queridos y también en la parte laboral. Ha sido un caos universal, difícil de controlar su propagación. La sociedad vive en pausa esperando el momento en que esto ya sea parte de la historia. Todos estamos contribuyendo de alguna forma a pararlo, siguiendo los protocolos para no contagiar, ni contagiarnos. La humanidad se ha unido en estos tiempos difíciles, esperando que nos sirva de aprendizaje para convertirnos en mejores seres humanos con la empatía necesaria para convivir en este planeta. Si no aprendemos a unirnos y ser mejores con esta GRAN LECCIÓN, no merecemos llamarnos seres humanos.

Reflexiones de vida

Amor en vez de odio.
Paz en vez de guerra.
Feliz en vez de triste
Serenidad en vez de ansiedad.
Perdón en vez de rencor.
Amigo en vez de enemigo.
Bueno en vez de malo.
Generosidad en vez de mezquindad.
Valiente en vez de cobarde.
Verdad en vez de mentira.
Verdadero en vez de falso.
Confidente en vez de inseguro.
Calma en vez de angustia.

"Vivimos en un mundo desordenado, todos apurados por lograr, triunfar, acumular materia, mientras la vida pasa a nuestro lado y se nos ríe al ver lo incapaces que somos para vivir felices".

"No existe la perfección, existe la eficacia, la capacidad que tengas para desarrollarte en la vida con tus propios elementos, a través de tus sentimientos que te lleven a alcanzar tus ideales".

Mis pensamientos

"El milagro del amor borrará la distancia, romperá las fronteras y no permitirá que un sentimiento tan puro se quebrante ante la más mínima tentación de desconfianza o desacuerdo que se suscite en el camino de la vida".

"Hagas lo que hagas, a un sentimiento real no se puede dañar, ni siquiera está a tu alcance, no lo puedes tocar, está por encima del bien y del mal. Se protege por sí solo, la capa de su infinito amor y los bellos recuerdos no lo dejarán morir".

"Cobardes, los que no son capaces de luchar por sus ideales, y por lo que realmente aman. No tienen la valentía de enfrentar la verdad, porque el amor es verdad".

"Por amor puedes arriesgarlo todo, mientras conserves tu dignidad intacta, si no es así, perdiste tu esencia mucho antes de perder la dignidad".

"Regala amor, guarda ternura, colecciona afectos, cultiva tu paz interior, sé solidario que la felicidad llega para quedarse".

"Las palabras son embajadoras del alma, la melodía del corazón".

"La verdadera amistad es solidaria, es amor, es paz, no tienes que buscarla, llega sola para quedarse.

"Buscamos la felicidad en gentes, lugares, en este mundo imperfecto, la felicidad está en lo que somos, damos y sentimos".

"La ternura, te transporta a un mundo sutil, donde las hadas del universo te susurran al oído, como una sinfonía de emociones encontradas que aceleran los latidos de tu corazón."

"Si te sientes completamente realizado, ya no existes".

"La inconsciencia te libera de dolencias, pero no te permite disfrutar tus vivencias".

"Cada día tenemos la oportunidad de aprender algo nuevo, aprendamos a amar, a perdonar, a ser humano".

"No busques la calma en la tristeza, calma la angustia en la alegría".

"Aprendamos a través de nuestros errores, que importa cuántas veces nos equivoquemos, la sabiduría que nos deja es lo que nos hace crecer como seres humanos".

"Para acariciar el alma no necesitas estar presente, porque la esencia de los recuerdos perfuman su entorno y esparcen la sensación de las caricias que son palpables al corazón".

"Prepárate para empezar el camino de tu felicidad, asegúrate de proveerte de lo que necesitas para alcanzar esa meta, vas a necesitar de mucho, de tanto, de lo más grande que posees y de lo que eres, tú mismo".

Connie C. Torres

Decidí Ser Feliz

"Decidí ser feliz desde el fondo de mi alma, en la búsqueda de esa felicidad interna, me encontré y ahora sé que se puede vivir mejor. La mente abierta te convierte en un ser humano sin miedo a enfrentarse a los retos de la vida, con la valentía suficiente para defender los ideales y equilibrar los dos mundos, el exterior e interior. La libertad de expresión brinda confianza y seguridad de uno mismo para convertir todos los sueños en realidad. Liberé mi mente de cárceles mentales que no me dejaban avanzar. La libertad es símbolo de felicidad, levanta en alto el nivel de autoestima de un ser humano. Me siento realmente satisfecha de haber tenido la oportunidad de pasear por el maravilloso mundo de la divinidad que me ha dejado un gran aprendizaje, y lo más importante es saber que a través de lo que aprendí, mi mundo se refleja hacia ustedes, y me veo en cada uno de sus corazones. Llegué a la conclusión que el corazón es el que te abre todas las posibilidades de ser feliz, y que el alma lo cobija celosamente para que la mente no lo distraiga. El mundo está esperando por ustedes, a que se decidan explorar y encontrar lo que les hace felices.

«Ser feliz no es tan difícil como creemos, lo complicado es adquirir la sabiduría para lograr mantenernos en un equilibrio emocional que nos ayude a poner todo en su respectivo lugar sin que nos afecte". Connie C. Torres

Dedicatoria

"Decidí Ser Feliz, el libro está inspirado en las personas que un día despertaron y sintieron la necesidad de descubrirse, porque reflexionaron en la verdad existencial. Aquellos que se sienten extraños en un mundo que es para todos, pero que no es de nadie y decidieron crear su propio mundo, lleno de verdad y amor. A los que buscan la paz y transmiten buena energía; a los que son felices con poco, con mucho, y con nada también. Los que no pierden el equilibrio emocional ante ninguna situación adversa, por lo contrario se calman, respiran y piensan que como lo bueno es pasajero, lo malo también lo es. Decidí Ser Feliz es la puerta abierta a un mundo lleno de posibilidades de una manera armoniosa que te ayudará a mantener ese equilibrio en tu diario vivir. Este libro es para ti, para que decidas ser feliz porque la felicidad es cuestión de tu actitud. Pinta tu mundo de los colores que quieres que sea tu vida".

Connie C. Torres

Decidí Ser Feliz
I Decided To Be Free
J'ai décidé d'être heureux

Decidí Ser Feliz y
Vamos Mundo cds

Decidí Ser Feliz

Autor y Compositor: Connie Torres/Henry Nelson

Para lograr ser feliz, comparte siempre tu vida.
Busca en tu mundo interior, porque la felicidad está escondida.
Ama siempre la verdad, para no vivir de la mentira.
Yo decidí ser feliz, y ahora por fin vivo tranquila.

Yo decidí ser feliz, y ya el dolor se quedó afuera.
Yo decidí ser feliz, feliz, feliz, a mi manera.
Yo decidí ser feliz, lo malo no tiene sentido,
yo decidí ser feliz, feliz, feliz, y ahora vivo.

Y soy feliz, y soy feliz.... un himno a la vida canto para ti,
y soy feliz, y soy feliz.... sin odios, ni guerra, se puede vivir,
y soy feliz, y soy feliz....salvemos al mundo, brindemos amor,
y soy feliz, y soy feliz.....la vida es más linda, sin tanto dolor.

Tengo mucho para dar, sin recibir nada a cambio.
Escucho a mi corazón muy dentro de mí, y a nadie agravio.
Por fin se fue mi dolor, volvió la ilusión, la fe perdida,
Ahora si soy feliz, y puedo gritar viva la vida.

Yo decidí ser feliz, y ya el dolor se quedó afuera.
Yo decidí ser feliz, feliz, feliz, a mi manera.
Yo decidí ser feliz, lo malo no tiene sentido.
Yo decidí ser feliz, feliz, feliz, y ahora vivo.

Y soy feliz, y soy feliz.... un himno a la vida canto para ti,
y soy feliz, y soy feliz.... sin odios ni guerra se puede vivir,
y soy feliz, y soy feliz....salvemos al mundo, brindemos amor,
y soy feliz, y soy feliz.....la vida es más linda, sin tanto dolor.

Vamos Mundo

Autor y Compositor: Connie Torres y Henry Nelson

Iba caminando por la calle mientras estaba pensando,
en la gente sin trabajo, en la guerra de unos locos,
en lo poco que les duele ver un niño abandonado.
Iba yo pensando si este mundo se volviera más humano,
sin codicia, sin mentira, y por amor dar una mano,
para hacer que una sonrisa sea moneda de cambio.

Y vamos, vamos todos, vamos, vamos todos,
amemos a la vida, que nunca esté perdida.
Y vamos vamos todos, vamos, vamos todos, unan su voz a
la mía.

Y vamos, vamos todos, vamos, vamos todos,
amemos a la vida, que nunca esté perdida.
Y vamos vamos todos, vamos, vamos todos, unan su voz a
la mía.

Vamos mundo vamos ya, es la hora de cambiar.
Vamos mundo vamos ya, vamos, vamos mundo.
Vamos mundo vamos ya, es la hora de cambiar.
Vamos mundo vamos ya, vamos, vamos mundo.

Galería de fotos Decidí Ser Feliz por el mundo

EUROPA - FRANCIA
Museo de Louvre, París

La Torre Eiffel, Paris

La Plaza de la Concordia, París

El Arco del Triunfo, París

REINO UNIDO- INGLATERRA
Palacio de Buckingham, Londres

El Ojo de Londres, Londres

El Puente de Londres

ESTADOS UNIDOS - Nueva York
Times Square, Manhattan

Vista Panorámica de Nueva York, Brooklyn

La Estatua de la Libertad, Nueva York

ILLINOIS
E Parque Millennium, Chicago

NEVADA
El centro de la ciudad, Las Vegas

Las Vegas, Nevada

Barceloneta, Barcelona

El Palacio Real, Madrid

La Puerta de Alcalá, Madrid

San Sebastián de los Reyes, España

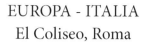

EUROPA - ITALIA
El Coliseo, Roma

Ciudad del Vaticano, Italia

El Gran Canal, Venecia

El Puente Rialto, Venecia

El Puerto de Ancona, Italy

Ciudad de Romeo y Julieta, Verona, Italia

EUROPA - PAÍSES BAJOS
El Monumento a Rembrandt, Amsterdam

El Canal Rokin, Amsterdam

Una replica en miniatura de Amsterdam, Madurodam

Dubrovnik, Croacia

Santorini, Grecia

Mykonos, Grecia

AMÉRICA DEL SUR - COLOMBIA
La Piedra del Penol, Guatapé

La Plaza Botero, Medellín

Vista Panorámica de Cali, Colombia

Armenia, Quindío

URUGUAY
Puerto de Montevideo

ARGENTINA
El Obelisco, Buenos Aires

El Monumento a la Bandera, Rosario, Argentina

EL CARIBE - BAHAMAS
The Atlantis Resorts, Nassau

MEXICO
Playa de Cancún, Quintana Roo

ECUADOR
Vista Panorámica de Guayaquil

La Pandemia 2020, Nueva York

The Six Times of Happiness

Presentación del Cd. Decidí Ser Feliz en Nueva York

Les Cafés de Sports, Paris, Francia

Presentación del Cd. Vamos Mundo en Paris

Charla Decidí Ser Feliz en París, Francia

Charla Decidí Ser Feliz en New York

Charla Decidí Ser Feliz en Argentina

Charla Decidí Ser Feliz en New Jersey

Charla Decidí Ser Feliz en Colombia

Redes Sociales

https://www.facebook.com/cctorresdecidiserfeliz

https://www.facebook.com/Idecidedtobefree/

https://www.facebook.com/libro.henrynelsonelultimoromantico/

https://www.facebook.com/Y-donde-est%C3%A1-el-chiste--221147728242725

https://www.facebook.com/Decidí-SER-FELIZ-Cd-Music-1466097593468957/

https://www.facebook.com/VAMOS-MUNDO-CD-Connie-Torres-109900387111302/

https://www.facebook.com/connie.c.torres

https://www.facebook.com/connie.torres.39948

https://www.facebook.com/cctorresdecidiserfeliz

https://www.facebook.com/search/top/?q=The%20Six%20Times%20f%20Happiness%20Shopping

conniectorres@gmail.com

Printed in the United States
by Baker & Taylor Publisher Services